歴史文化ライブラリー
248

古代の都と神々

怪異を吸いとる神社

榎村寛之

吉川弘文館

目次

なぜか丁寧なはじめに

遠い古代から現代まで、私たちの暮らしを変わらずに見守りつづけている神様のいる所、何千年も変わらない日本の伝統、そして日本人の感性を代表する場所、神社。

なんてイメージをもっている人、それは幻想かもしれませんよ。歴史史料をきっちり読んでいくと、古代には古代の、中世には中世の、近世には近世の、近代には近代の神様がいることがよく分かるのです。

たとえば、奈良の大神《おおみわ》神社や春日《かすが》大社、京都の賀茂《かも》神社、石清水《いわしみず》八幡宮、祇園《ぎおん》社（八坂神社）、伏見稲荷《ふしみいなり》、鎌倉の鶴岡《つるがおか》八幡宮、そして江戸・東京の神田明神、明治神宮、靖国《やすくに》神社、ある時代の政治の中心地の近くには、その時代を代表する有名な神社があります。もともと天皇家は神社の大元締《おおもとじめ》といわれるくらいですから、奈良や京都は不思議ではありませんが、鎌倉や江戸でも見られることから、神社と呼ばれるものが、たいへん政治的な施設だったことがわかるでしょう。

そしてこれらの神社には、その時代の政治的な特色がよく顕わされているのです。どうやら神社の「モード」は、政治の中心地、つまり都の周辺で形成され、全国に発信されたようなのです。

ならば都と神社の関係を知ることは、そもそも神社とはどういう施設だったのか、ということを知る大きな手がかりになりましょう。都と神社の関係は、単純なものではありません、それは常にゆれ動き、変わりつづけているものでもありました。それは現代に生きる私たちと神社の関係を見直していくためにも、大きな示唆を与えてくれるものなのです。

その神社の原型が創られたのは、奈良・平安時代の都、「京」のまわりです。さあ、草創期の神社と政治の摩訶《まか》不思議な関係が渦巻《うずま》く、平城《へいじょう》・平安京《へいあんきょう》を覗《のぞ》いてみませんか。

神社と定義されるもの——プロローグ

「神社」のイメージ

神社、という言葉にはどんなイメージがあるだろう。石の鳥居、狛犬《こまいぬ》、初詣、賽銭《さいせん》箱、鈴、拍手《かしわで》、おみくじ、お守り、しめなわ、神木《しんぼく》、巫女《みこ》さん、神主さん、本殿、祝詞《のりと》、お祭、お神輿《みこし》、地車《だんじり》、お神楽《かぐら》……そして都会の神社は街角の緑地帯にもなっている。

しかしこうしたイメージの多くは、神社のもともとのスタイル、つまり古代までさかのぼるかたちだとは考えにくいのである。

今日の私たちが目にしている神社のイメージは、江戸時代に形成され、最終的には明治時代以降、当時の政府によって、上から創《つく》られたものであるといってよい。たとえば、多くの神社にある石の鳥居には奉納年月日が刻まれている。見てみるといい。ほとんどが江戸時代後期、一七〇〇年代後期以降だ。石の狛犬もだいたい同じ頃に定着したと見られている。

また、賽銭箱、おみくじ、お守りはお寺にもある。正月の初詣は近代に一般的になった風習だし、神社に専業の神主さんがいる、というのも決して一般的ではなかった。鎮守《ちんじゅ》の森といわれる、楠《くすのき》などの広葉樹を主体とした自然林に見える森も、実は江戸時代には松などが多かったという研究も出されており（国立歴史民俗博物館・二〇〇六）、意外に新しいらしい。さらに近代になると、「天皇制の清浄な空間」としての神苑《しんえん》が創出され、伊勢《いせ》神宮・橿原《かしはら》神宮・熱田《あつた》神宮・明治神宮などにはじまり、全国的に広がっていくのである（高木・二〇〇六）。神社の景観とは、その時代の政治的・文化的背景が複雑に結集したものので、それだけでも近世・近代の日本文化を知る面白い素材なのである（末木・二〇〇三、二〇〇七など）。

神社とは何か

では、質問を変えよう。神社とは何か、と尋ねられたら、あなたはどう答えるだろうか。まず思いつくのは、神を祀《まつ》る所、だろう。しかし、私たちの身の回りを少し見まわすだけでも、神社に祀られていない神様、というのはいくつもある。たとえば、七福神、つまり大黒天《だいこくてん》・戎《えびす》・弁天《べんてん》・福禄寿《ふくろくじゅ》・寿老人《じゅろうじん》・毘沙門天《びしゃもんてん》・布《ほ》袋《てい》和《お》尚《しょう》は、「えべっさん」こと「戎」を除いて、神さまだが神社にいる、という感じではない。大黒さまがオオクニヌシ（大国主命）と同じ神と見なされていたことすら近年ではあまり知られなくなっている。

　ところがこうした神様は、江戸時代にはいくらでも「神社」で祀られていた。たとえば神奈川県藤沢市の江島神社は通称江ノ島の弁天様というが、江戸時代には、本当に弁天が本尊で、岩本院という寺がその祭祀を行っていた。歌舞伎の「弁天小僧（『青砥《あおと》稿花紅彩画』）」の、白浪《しらなみ》五人男の勢《せい》ぞろい場で、弁天小僧菊之助が「江ノ島の岩本院の稚児《ちご》あがり」と見栄《みえ》を切るのは、江ノ島といえば弁天で岩本院という常識を踏まえているのである。讃岐《さぬき》の金比羅《こんぴら》さんで知られる琴平《ことひら》神社にはクベーラ神こと毘沙門天を、芸能の神様、奈良県天川《てんかわ》村の天河大弁財天《てんかわだいべんざいてん》社は弁天を祀っている。

　一方、日本で生み出された神格で、神社で祀られていないものの代表は蔵王権現《ざおうごんげん》である。修験道で重要視されてきた蔵王権現は奈良県の大峯山《おおみねさん》を中心にした山岳信仰の中から生み出された神で、舞踏する怒りの神という姿で表わされる。こちらはもっぱら密教系の寺院で祀られていた。アキバ＝秋葉原の語源となった秋葉神社はもともと山伏の祀る神で、天《てん》狗《ぐ》に近いものだった。

神社を動かす人びと

どうだろう、「神社とは神さまを祀る所」という常識がだんだんあいまいになってくるのが、体感いただけたのではないだろうか。もともと明治以前には、神社に三重塔や多宝塔があるのは当たり前。神社でお経が読まれるのも当たり前（神前読経という）、お寺には鎮守の神があるのも当たり前、神仏が分離されているのは、かなり意識して行った出雲《いずも》国や常陸《ひたち》国の水戸《みと》藩領など、ごく限られた地域にすぎなかったのである。

また、神職という概念もずいぶん違う。現在の神職は、神社本庁が定めた教育機関で資格が取れ、サラリーマンのように（まあサラリーマンではあるのだが）大きな神社を転勤しながら出世したり、人口の少なくなった地域で、一人でいくつもの神社の祭を兼務して地域に密着するなどの勤務形態があるようだ。

しかし、古代以来の神職は、大きな神社の場合、その神社にかかわる家が代々務める（社家《しゃけ》という）もので、神職家の屋敷群が参道に並ぶ光景も珍しくなかった。一方、村単位の神社では、宮座という村の組織が回り持ちで祭を行い、神職を置かないというのも、近畿地方を中心にごく日常的にあった。そして有力な神社には室町時代後期以降は、神祇官《じんぎかん》長《ちょう》を称する京の貴族、吉田家から由緒についての権威付けの書類（宗源宣旨《そうげんせんじ》という）を頂くものも少なくなかった（井上・二〇〇七）。

ところが一方では、神社に属しながら、神社周辺に定住せず、神祀りの技術を頼りに生きていく人びとも前近代にはいくらでもいた。たとえばほとんどの大きな神社には下級の神職で、全国を回ってお札を配り、寄付を集める御師《おし》と呼ばれる人びとが所属していた。さらに『日本書紀』以来様々な史料に、巫《かんなぎ》と呼ばれる放浪の神職、修験者、修験者の妻であることも多い歩き巫女、陰陽師《おんみょうじ》、虚無僧《こむそう》、回国聖《かいこくひじり》、御行《おんぎょう》などといった人びとが、それこそ多様な神を祀っていたことが記録されているのである。

このように、近代以前の「神」「神社」そして「神職」は、悪く言えば雑然とした、良くいえば奔放で寛容な概念であったといえる。とても一筋縄ではいかないのである。

神の変質と近代

ところがこうした神々の多くは、淫祠邪教《いんしじゃきょう》として明治初年に廃されてしまう。明治の宗教政策としては神仏分離・廃仏毀釈が有名だが、修験道や陰陽道、普化宗《ふけしゅう》（つまり虚無僧）などが姿を消し、あるいは社家や御師のような、特定神社に既得権を持つ神職が廃止されたのもこの時である。誤解を恐れずに言えば、今、私たちが知っている「神社」や

「神道」は、明治時代に作り出された、近代的な宗教なのである。

こうした多様な信仰形態を統制し、一つのシステムを作り上げていくために、近代国家はさらに整備を進めた。一九〇六年（明治三十九）の神社合祀令で、全国の神社が統廃合されたのである。稀代の博物学者、南方熊楠《みなかたくまぐす》が、自然と文化の破壊行為だと、和歌山県の神社統合に、身を挺して反対運動を行ったことはよく知られているが、この政策は全国で行われていた。たとえば三重県では、この時期に神社は三分の一に減らされ、今残っている神社には、祭神が五つ以上あるなどというのも珍しくない。

そして残された神社には、正規の手続きで任用された国家公務員的な神職が常駐し、国家的に定められた礼式による祭祀を始めた。大整理と統合により、画一的に統制される「神道」、これこそ国家神道の始まりである。われわれの見ている神社の形は、この頃に整えられたものと言ってよい。

しかし伝統的な観念は、そうやすやすと死滅するものでもないようだ。少しのフィールドワークですぐわかる。

たとえば図1をごらんいただきたい。これは三重県松阪市嬉野《うれしの》町の一角である。集落ごとといっていい位の神社がある。これで江戸時代の三分の一なのである。そして多くの

図１　三重県松阪市嬉野町の地図

神社は、集落の外れ、外縁部にあることに注意されたい。こうした神社のそばに「山神」や「庚申《こうしん》」と書かれた石碑が集められていれば、それは行き場を失った共同体の祭り場の目印が集約された所であった。少なくとも国家神道が成立する以前、神社は多く境界領域にあり、その周辺には多くの「雑信仰」というにはもったいないほどに豊かな精神世界があり、祭祀施設の規模はじつにさまざまであった。

図2をごらんいただきたい。これは山形県米沢市で、地図に記された鳥居マークを頼りに探し出した神社で、その名も「愛宕《あたご》社」、「山神」、「神宮」と

図2　山形県米沢市の「愛宕社」,「山神」,「神宮」

いう。山岳信仰と神社信仰が一体になり、神社とも山伏の祈禱場《きとうば》ともつかない建物である。東北地方にはこんな「神社」はいくらもある。

　私自身が持っていた神社イメージなど、少しフィールドワークすれば、あっという間に木っ端みじんになるくらい表層的なものだったのである。筆者の体験で忘れられないのは、虚空蔵菩《こくぞうぼ》薩《さつ》信仰の盛んな奥美濃高賀山近く、那《な》比新宮《びしんぐう》という所で地元の方と交わした会話である。

「ここの神様は何という神様ですか」

「虚空蔵菩薩さまです」

この神社のご神体は、鎌倉時代の仏

像、金銅製虚空蔵菩薩なのである。

私たちは、神という観念にも、「近代的な智」というフィルターをかけているように思う。つきつめていえば、今私たちの見ている神社は、驚異的な豊かさと奥深さを持つ神を祀る施設の、現代における一形態、としか定義できないのである。

京という空間と神

藤原京模型（橿原市教育委員会提供）

古代の「神」と「神社」――「かみさま」のオリジナルスタイル

古代の「神社」とは

古代には、神社と呼ばれる施設があった、しかしそれは今の私たちが使う神社と同じ意味なのだろうか。国家は、すべての「神まつりの施設」を「神社」と規定したのだろうか。

では、各種の神まつりが行われ、三種の神器なども置かれていたはずの宮中にも神社はあったのだろうか。平城宮や平安宮では、神まつりはどのような所で行われていたのだろうか。

まず考えたいのは、古代国家は、どのような施設を「神社」と呼んだのかである。

それは本書が何を分析しようとしているのか、ということを明確にするための重要な前提である。

古代の「神」の「ありかた」

もしや、と一歩進めて考えてみる。明治以前の人びとにとって、「神様」や「神社」とは今の私たちのイメージとはまったくかけ離れたものではなかったのだろうか。このように推論を述べると、おそらくこうした答が返ってくるだろう。たしかにいろいろな神社があったかもしれない。しかしその中で、たとえば「式内社《しきないしゃ》」のように、古代の文献にも見られる神社はたくさんあるではないか。そうした神社こそがいわば本源的な神社で、後に仏教色が強まったままでのことで、明治の改革は、神社を本の姿に戻したものではないのか、と。

なるほど、古代の主要な神社は『延喜式《えんぎしき》』に書き上げられており、それが「式内社」であり、現在も残っているという「常識」は少なからず存在する。

しかし、本当だろうか。

たとえば『日本書紀』を見ていても、神そのものはともかく、神社についての記述は、とくに『日本書紀』の編者にとっての「近・現代」である、天武《てんむ》・持統《じとう》朝《ちょう》より以前には、ほとんど出てこないのである。崇神《すじん》・垂仁《すいにん》天皇紀の伊勢神宮の成立伝承や、神功皇后《じんぐうこうごう》の征《せい》新羅《しらぎ》伝承の関係で語られる山口県や大阪府の住吉《すみよし》神社、兵庫県の長田《ながた》神社などの成立伝承、垂仁天皇紀にある三輪《みわ》山の大神《おおみわ》社の祟りの伝承などがあるものの、それらは畿内の有力社とされている神社の、その一部で、ごくまれに見られるにすぎない。日常的な王権と諸神社との関わりなどはまず記載されていないといってよい。

また、神社が権力の及ばない空間、アジールだったという指摘もあるが、仮に聖域的な位置づけをされていたとしても、権力の及ばない所であったとは限らない。たとえば石上《いその》神宮《かみ》には『日本書紀』雄略天皇三年四月条に、無実の息子を殺した父親が朝廷の追及を免れるため逃げ込んだというアジール的な伝承がある（網野・一九七八）。しかし、この社は朝廷の武器庫をともなう軍事・兵事の神、というのがその本来の性格であり、単なるアジールでもなく、自然神でもない、王権を構成し、行政の一部としての祭祀《さいし》を行う支配機構の一つと位置づけられるものである（岡田精司・一九八五）。

少なくとも大和王権はその直接支配下に、こうした王権を支える、すなわち王権の機能を分散させた祭祀施設をいくつか有していた。三輪や石上、大倭《おおやまと》（大和坐大国魂）、住吉神社などはそのように理解できる神社である。一方、畿内周辺にはその他に、朝廷を支える豪族たちが氏ごとに祀る有力社があったはずだが、氏族の神社は、その祭っている氏族とともに消えてしまうものが少なくない。たとえば、八世紀初頭の朝廷で政治の中核にい

図3　三輪(大神)神社

図4　石 上 神 宮

図5　大倭(大和)神社

た氏族たちのうち、石上（物部《もののべ》）氏、石川（蘇我）氏、大伴氏、阿倍氏、多治比《たじひ》氏など、藤原氏以外の氏族の神がそうだ。もともと紀伊の豪族だった紀氏などは、現・和歌山市に残った紀国造《きのくにのみやつこ》氏の奉斎した神である伊太祁曽《いたきそ》神社は今も残っているが、畿内豪族となり、平城京から平安京に移り、下級官人として近世まで続いた紀朝臣《きのあそん》氏、つまり紀貫之《つらゆき》などを生んだ家の神社はわからなくなってしまっている（岡田荘司・二〇〇二）。

あるいは大和の葛城《かつらぎ》には、五世紀頃が全盛期だった古代氏族、葛城氏に関わる葛城《かつらぎ》坐《にいます》一言主《ひとことぬし》神社などの古社が残っているが、これは後に修験《しゅげん》道《どう》と結びつき、葛城修験の中心地となったためで、葛城一言主は、奈良時代まで土佐に流されていたことがあると『続日《しょくに》本紀《ほんぎ》』に記されている。このように、氏族祭祀の対象がその氏族の没落とともに「消滅」することもあったようだ。

それは氏族の祭祀に対して王権が直接的な支配を行っていなかったことを示すものでもある。つまり、古代の神は、ある地域を支配する氏族などの血縁、または地縁などの結合によって維持されており、体系的な国家祭祀として組織化されていたわけでは決してなかったのである。つまり律令国家の時代の神社支配とは、有力神社を公認し、一定の補助を与える代わりに、緩やかな統制を加えるような体制であった、言いかえれば、国家はその信仰の中身にまで深入りはしていなかったのである。

神社と祭祀遺物

その一方で、考古学の研究からは、古代に国家が形成されていく過程のある時期に、一定の価値観のもとに祭祀の道具が配布され、あるいは作られる例が指摘されている。鏡や滑石《かっせき》製品などである。三世紀末〜四世紀頃に配布されたらしい三角縁神獣《さんかくぶちしんじゅう》鏡《きょう》や画文帯《がもんたい》神獣鏡などの鏡が、その使用方法まで規定した上で配られたのかどうかはわからないが、五世紀頃から一般化するとされる滑石製の勾玉《まがたま》の場合は話が違う。もともと勾玉とは、ヒスイやメノウなどの貴石でつくる希少品だったが、滑石は、いわばどこにでもある石なので、誰でも大量生産が可能になる。ということは、誰かによって一定の価値を保証されなければ、ただのガラクタでしかなくなる。つまり、たとえば紙幣のように、そのものの価値を保証するシステムと、それが明確になる使い方をコミにして普及させないと、持つ意味がない道具であったと考えられる。その意味では、滑石の勾玉の分布から、王権の及ぶ範囲で既成祭祀の形に一定の枠が嵌《は》められていたと考えることもできる（白石・一九八五）。しかし、こうした配布の対象となる「既成の祭祀施設や祭祀集団」にどの程度の均一性があったのか、というのはやはり大きな問題なのである。こうした祭祀遺物が出土する場所、すなわち使用された空間はさまざまであり、祭祀遺物が（神社など）特定の空間で使われる、というより、祭祀遺物を使って一定の儀礼を行うことで、河を渡る所、用水の分岐点、峠《とうげ》の麓《ふもと》、邸宅の一角、大きな自然石の下、などの場所が祭の場となっていく、というように考えた方が実態に近い。

このように、現代の神社の規格的なイメージをこの時代の祭の場に求めるのは難しい。神社建築の根源などをこの時代に求める意見も、とくに考古学や建築学の側からしばしば見られるが、祭祀とはそれほど単純なものではなく、さまざまなバリエーションと奥行きをもつものなのである。

神のイメージ

一方、神について考えるために、「神話」をのぞいた文献を見ていくと、『古事記』『日本書紀』（あわせて記紀という）『風土記《ふどき》』などからさまざまな神と社会との関わりが確認できる。そこから導き出せる「神」のイメージは、およその共通項として、荒ぶる行為、すなわち自然災害や流行病などでその意志を示す見えない存在である。大江篤によれば、『古事記』『日本書紀』『風土記』に見られる「祟《たたり》」とは、神が祭りを要求することであり、それは戦争・疫病・災害・天皇不予、あるいは田地開発の妨害や通行人の変死などの地域的な事件として発生するものだった（大江・二〇〇七）。つまり、神が荒ぶる行為こそ「祟」であり、祭祀とは神を祟らないよう祀ることであった。

そして、この認識は仏教伝来時には仏にも適用されたのである。仏教を拒否し、仏像を排除した結果、疫病《えきびょう》が流行《はや》ったという『日本書紀』の記事は、神も仏も同じような形で怒るものだという、当時の人びとの認識を示すものだといえる。

また『日本霊異記《にほんりょういき》』には、仏を拝することで現世的、経済的な利益や長寿を得るという話が少なくないが、新しい神が発生する時にも、同様の禍福の効果をもってその権能が問われたことは、大生部多《おおふべのおお》の祀った虫の神、常世神《とこよのかみ》が示している。

東国の富士川のほとりに住む、大生部多という者が、虫を祀ることを村里の人に勧めて言った。「これは常世の神だ。この神を祀る者は、富と長寿を得るだろう」。巫覡《ふげき》らがさらに人びとを欺《あざむ》き、神の言葉だとして「常世の神を祭れば、貧しい人は富を得て、年老いた人は若返る」と言った。これにより、ますます勧めて、民の家の財産を喜捨《きしゃ》させ、酒や菜、馬や牛の肉などを道のほとりに並べ、新しい富が来たぞと呼ばわらせた。都や鄙《ひな》の人はこの常世の虫を取って敷居に置いて、歌い舞い、福を求めて財産を捨てていった。そして得る物はないまま、損害のみがはなはだ多いという事態になった。ここに葛野《かどの》の秦造河勝《はたのみやつこかわかつ》が、民が誑《たぶら》かされていることを憎んで、大生部多を打ち懲らした。その巫覡らは恐れて神を祭るのを止めた。時の人が歌を作ることには、

うづまさは　神とも神と　聞こえ来る　常世の神を　打ち懲《きた》ますも

この虫は、常に橘《たちばな》の樹にいる。あるいはホソキ（ハジカミ）の木にいる。長さは四寸（一二センチ）余、大きさは親指ほど。その色は緑で黒まだらがある。形は養蚕《ようさん》（蚕《かいこ》）に似ている（『日本書紀』皇極天皇三年〔六四三〕七月条）。

このように、新たなる神、常世神は、富と長寿という現世利益を手みやげにして民衆に受け入れられたのである。この史料は有名だが、さらにいろいろな問題点がある。ここでは本書の関心にかかわる部分だけにとどめて指摘をしておこう。

まず、場所は「不尽河」、つまり「尽きせぬ山の麓の尽きせぬ河」のほとりである。富士山に常世イメージがあったのは、『竹取物語』の最終場面で、かぐや姫が天皇に残していった不老不死の薬を富士の頂上で焼かせた、というエピソードにも見られる所である。

次に、常世神は、蚕のような虫だったという。蛾《が》や蝶《ちょう》の羽化、つまり幼虫が、蛹《さなぎ》をへて飛んでいく変態過程が、神に関わるイメージで理解されていたことは、小人神であるスクナヒコナが蛾の羽で作った着物を着ていたとする神話や、粟《あわ》の穂に弾かれて常世国に飛んでいったとされることなどからも想起されるものである。

また、スクナヒコナに常世の神という伝承と、薬の神という伝承があったことから見て、常世と長寿のイメージは結びつく。

さらに、蚕に似た常世神の場合、その吐《は》き出す糸が養蚕や機織りのイメージと結びつき、生産の増加と富の獲得をイメージしたものと考えられる。そして養蚕に関わる信仰だから、渡来系の色彩もうかがえる。

そして、この祭の形態は、道で神迎えを行う道饗《みちあえ》の形である。家の敷居で祭を行うという表現も、竪穴式《たてあなしき》住居であれ、掘立柱《ほったてばしら》住居であれ、家の境界で神迎えをしていることになる。

「常世の浪の敷浪寄《しきなみよ》する国」と言われた伊勢以東の東国では、本州東端に常陸《ひたち》国が置かれたことからもわかるように、常世国は東方海上にあるという信仰が広範に存在していたと考えられる。つまり常世神は天から降りるのではなく、海の彼方から道を通ってやってくる、きわめて古典的な神の側面を持っていた。ところがこの祭祀には、俗に「民間道教」ともいわれる中国的な民間信仰の知識もうかがえる。つまり古典的な祭祀と大陸的な祭祀が混合しているのである。

こうした神を祀る者、つまり大生部多に従って祭祀に関わる男女は、支配者の側からは「巫覡」と認識された。つまり巫覡という言葉の範囲には、権力が認定した神まつりに関わる者とともに、淫祠邪教《いんしじゃきょう》と認定された宗教行為に関わる者も、いわば善悪ともに入っていたことになる。巫覡には、律令制下の「祝《はふり》」のように、有益無害といったニュアンスはないことがわかる。

しかしその一方で、こうした不穏な巫覡を弾圧し、朝廷の意志を代弁する祭祀者もまた存在する。それがこの物語では、秦河勝である。つまり、養蚕と渡来系知識から生まれたいいかげんな信仰を、養蚕と渡来系技術の主導者であり、正しい知識と技術を持つ秦氏の長《おさ》が懲らした、というのがこの話の結末なのである。ただし、この話は実際の河勝の物語と考えるには、いささか年代が合わない。あるいは象徴的なスーパーマンとしての河勝イメージに依るのかもしれない。ならばこうした説話的な世界では、「正しく人びとを導く正義の使者」河勝というキャラクターが完成していたとも考えられる。

しかしそれ以上に重要なことは、この虫が祭る者たちから「神」と呼ばれており、この文章を編纂した国家側の人間も、その呼称を踏襲せざるを得なかったことである。つまり、「神」を奉じる正義の使者秦河勝が、悪に染まった者たちが祭る「魔」を退治する、という話にはならないことが問題なのである。この世界の神には、善悪はない、そして、「在来系」と「渡来系」の祭祀の境界線もまた実にあいまいである。そうしたあいまいな信仰の対象物もまた「神」とされるのである。

しかし、民間祭祀の上位には、中央から「秦河勝」の名で発信される「正しい情報」があり、不穏な動きは統制されてしまう。「正しい情報」は中央から来る偉い人が教化することで広がる、というのが『日本書紀』の意識なのである。

私たちは、古代の神といえば、記紀神話のようなイメージの人格神を考えてしまいがちである。しかし、考えてみれば、神話以外の局面に現れる神について見ていくと、たとえば同じ『日本書紀』でも、崇神天皇紀では三輪山の神は蛇の姿であらわれ、仁徳《にんとく》天皇一一年紀に見られる淀川の川神は人身御供《ひとみごくう》を求めている。日本書紀神話の一書、つまり異伝の一つではスサノヲがヤマタノヲロチに「畏き神」と呼びかけている。『風土記』の神々にも人型のものはほとんど見られないし、平安時代の『今昔物語』ですら、「式内社」である美作《みまさか》国の中山神社の神が巨大な猿で、人身御供を要求しているとする。つまり、人間型で、喜怒哀楽を示し、たがいに血縁関係で結ばれる神々などというイメージは、実は少数派なのである。おそらく古代社会の中では、神が人型をしている、という考え方すら常識ではなかったのであろう。人間と同様に結婚して子孫を残し、一族を持つ、という記紀神話の神の姿は、政治的な意図のもとにかなり新しく発信された情報にすぎないのである。

社に祀られる神、祀られない神

このように、神の概念はじつは幅広い。そしてあらためてくりかえすが、この「神」という語の範囲内には、仏も入っていたのである。仏教伝来に関する『日本書紀』の記述によると、渡来当時には、仏もまた「蕃神《ばんしん》」と認識されていたという。そして忘れてならないのは、その表記がなされたのが、『日本書紀』の編纂段階だということである。これは、八世紀前半の歴史書を書いた人びとも「仏は神の一種」という認識に違和感を持たなかったことを示唆している。すなわち、六〜八世紀の知識層は「神」という漢字を、「大和王権の支配する範囲で伝統的習俗や渡来系習俗によって祀られていた、人間の常識を超えて存在すると信じられていた対象＝かみ」に加えて、「仏や中国、朝鮮半島の神など、王権の版図外＝蝦夷《えみし》や外国のような異域で祭られていた超・常識的存在」の意味でも使っていたのである。しかし注意すべきは、仏や常世神は「社」に祀られなかったことである。つまり、「神」という語は、「社に祀られるもの」という意味では決して採用されていなかったのである。

こうした指摘はすでにある。たとえば宗教学者の鎌田東二は、仏を蕃神とする意識に関連して、「神仏習合《しんぶつしゅうごう》」に先行して「神神習合」があった、としている（鎌田・二〇〇〇）。しかしこの考え方は、厳密には正しくない。実際には、和語の「かみ」と漢字の「神」、つまり古来の「かみ」と漢字文化の観念である「神（「シン」）」の合体によって、その複合観念である「神（かみ）」という新観念ができた「神《しん》かみ習合」なのである。そしてこの観念は、「神」という漢字を、『かみ』をも含む理解できない超自然的存在」に汎用化できるようにし、新来の「仏」もその範疇で理解しようとしたのである。

なお、日本においては、体系的な漢字受容期に、道教においては神より上の概念である「仙」の用法が明確に定められなかったことは注目すべきである。これはおそらく、神という漢字が、仙とセットにならずに入ってきたこと、つまり「神」という漢字の理解が、中国から直接来たのではなく、朝鮮半島を経由して渡来系氏族によってもたらされたことを示唆しているのだろう。「神」は「仙」より身分が低いことから、漢字文化圏の周縁に位置する人びとが祀るモノを指す漢字としても使われていたと考えられる。ならば朝鮮半島で祀られていたモノは、この列島に先駆けて「神」という漢字で顕《あら》わされており、「神」という文字がやまとことばの文化圏に伝えられた時点で、すでに中国的な「神」と朝鮮半島的な「神」が混在していたのであろう。さらに、この「神（中国・朝鮮半島を経由してきた漢字「神」に包摂される諸々の信仰）」という漢字と、旧来の「かみ」が出会い、漢字「神」で語られる対象、すなわちこの列島で当時イメージされていた「神（かみ）というモノ」ができあがったと考えられる。

そして、この「新しくできた『神』観念」は、渡来系知識人を取り込んだ権力によって、上からもたらされた情報として普及した情報なのである。

しかし、もともとの「かみ」と呼ばれた「モノ」は、すでに述べたように、季節の循環やその不順による災害などを起こすものと認識されていた。つまり、理解を超えた「コト」からの推理によって想像された存在であった。そのため、その祭り方など「つきあい方」にはさまざまなバリエーションがあったと考えられる。たとえば、共同体ぐるみで農耕祭祀の形でつきあう神と、坂や峠のような境界上で鎮めなければならない危険な神と、流行病を流行《はや》らせる神に共通する祭儀が自然発生するなどとは考えにくい。『古事記』や『日本書紀』の垂仁天皇紀に見られる、新羅《しらぎ》の王子ともいわれ、渡来人が祀った神と考えられるアメノヒボコのような「神」や、仏のような「蕃神」になればなおさらである。

ところが、権力の側からそれらの神に一定の情報とルールをおしつけることはできる。先にのべた滑石製模造品などは、使うルールとともに配布され、地方の祭儀でその方法を採否するかどうかによって、王権との関係を規定された、誤解を恐れずにいえば「踏絵《ふみえ》」のようなものだった可能性が高い。

このような事例は文献でも確認できる。かつて伊勢神宮の贄《にえ》について研究した際に（榎村・一九九六a所収）指摘したように、古代の神社で、その祭祀形態が最もよくわかっている伊勢神宮で見ると、三節祭《みおりのまつり》と呼ばれる九月神嘗祭《かんなめさい》と六月・十二月の月次祭《つきなみのまつり》の主要部分は、二日間で構成されている。そして一日目には在地の禰宜《ねぎ》や大物忌《おおものいみ》などの祭祀氏族によって神饌が神に捧げられ、二日目には天皇の代理といえる斎王《さいおう》や勅使《ちょくし》などが参加し、宮司《ぐうじ》が祝詞《のりと》を読む。一日目には祭祀は正殿の床下でほとんど秘密裏に行われ、二日目には庭上、つまり正殿の前庭で公開的に行われる。神宮のある伊勢国度会《わたらい》郡や志摩《しま》国で漁《すなど》られた贄など、神宮周辺地域で獲得された収穫物が捧げられるのは主に一日目であり、朝廷からの奉り物である幣帛《へいはく》が納められるのは二日目である。天皇の守護神である神宮ですら、中央系祭祀を受け入れることで、在地系の祭祀体系を残存させ、二重構造で祭祀が行われているのである。

こうしたマニュアル的な祭とその土地独特の祭の共存は、たとえば賀茂《かも》神社の祭祀などにも見られ、古代祭祀の特質だといえる（三宅・二〇〇二）。そうした儀礼形態は、政治的な神祇支配のあらわれなのである。「神」の祀り方のマニュアルを作り、その理解を広めることで、権力は「正しい神」とそうでない神を選択できるようになる。中央から発信された新しい知識・思想などの情報に基づいて、「秩序を乱す」神を克服し、あるいは撲滅する物語は、先に述べた常世神と秦河勝の例や、これも『常陸国風土記』で有名な常陸国行方《なめかた》郡の箭括麻多智《やはずのまたち》・壬生連麻呂《みぶのむらじまろ》と角のある蛇の神である夜刀《やと》神、あるいはスサノヲとヤマタノオロチの話など、朝廷の使者や高天原の神による「悪神」の「討伐」伝承となって公的な記録に残されている。そしてそこまでいかずとも、中央のマニュアルを受け入れさせることを条件に多様な地域祭祀を編成して、律令制祭祀は成立してきたのである。

このように「神」という漢字で表現されたモノは極めて広範であった。そのため、神を祀る所は、すべて「社」と称されたわけではないのである。たとえば、蕃神とされた仏は寺に祀られている。また、七世紀後半の百済《くだら》の滅亡によって難波《なにわ》の百済郡に一種の亡命政権を樹立した百済王氏の「神」の祭の場は「社」ではなかったらしいがよくわからない。

一方で、社と名付けられた施設に、どの程度の共通イメージがあったかもまた、よくわからない。神がいると認識された場所は、たとえば山や川や海に臨む場所や、峠の麓の路上、水源のような開発の根源地、集落の境界領域、道の重なる辻、橋のたもとなど実にさまざまである。こうした神の宿る所すべてを「社」と呼んだとは、とても思えない。しかし、どういう条件があれば「社」と呼ばれたのかもよくわからないのである。

ましてそれが八世紀に全国一律で行われる国家的祭祀として確立した祈年祭の対象、すなわち官社とされたかどうかとなると、さらに問題が多い。たとえば出雲《いずも》と常陸の例を比べればよくわかる。『出雲国風土記』では共同体で使用する湧水《わきみず》で、開発の根源地になり、祭祀が行われるような所は総じて「社」とされ、しかも官社となっている。ところが『常陸国風土記』では同様の条件で記録されている施設が、官社となっていないことが多い、それどころか社と記されてさえいないことがある。

このことからもわかるように、中央から「社」として認定されるものも一様ではない。神社の定義はきわめてあいまいなのであり、祭祀施設すべてが「社」と認定されていたわけではない。つまりは、『延喜式』の「社」とは、中央によって極めて政治的に抽出された祭祀施設の一部に対して冠せられた名、としかいいようがないのである。

そして複雑なのは、八世紀の史料、とくに編纂文献以外では、社という漢字がいろいろな意味で使われていたらしいことである。もともと「社」は「杜」と同様に、自然発生的に生じた用語、普通名詞としても使われていたことである（直木・一九八二）。たとえば東大寺領の荘園絵図には「鹿墓社」「味当社」などという他の史料にはまったく見られない「社」が見られ（金田・一九九八）、九世紀初頭の伊勢神宮を構成する神社群のあり方を活写する『皇太神宮儀式帳』によると、当時の神宮の下部組織には、官社と認定されたものと、そうでない社があった（岡田精司・一九九一）。つまり、官社でなくても、社と呼ぶことは公的に認められていたのである。結局朝廷は、一般名詞として「社」を使うことを許容しつつ、自らが認定した神の社を特別扱いするという複雑な支配を行っていた、というより、「特別な神の社」に特別の用語を用意しなかったのである。

そのため、「神の社」は中央の恣意的認定によって発生するが、「社」と書いてあっても、官社かそうでないかは、つまり権力に認定された祭祀施設かどうかは区別できないという難しさが生じることになるのである。

「社」に祀られない神と祭祀の場

ところが一方には、朝廷が認定しているにもかかわらず、「社」とされなかった祭祀施設がある。宮中において神を祀る施設、すなわち宮中八神殿である。九世紀段階で祈年祭の班幣《はんぺい》を受ける神社、官社のすべてを書き上げた『延喜式』の「神祇式」の「神名」項、通称『神名帳』では、これら宮中各所を守る八神も班幣の対象になっている。その八神は神祇官の西院の、長い社殿の中に祭られていたらしい。にもかかわらず、「神社」＝「神の社」とされなかった。これらの社殿は神社と認識されず、班幣を受けるのは「高御《たかみ》魂神《たまのかみ》」「生国魂神《いくくにたまのかみ》」など、ただの「神」だったのである。八神殿は建物を守る神、すなわち宮殿に付属した施設であり、後世に屋敷神が神社とされなかった例と対応することに似ているといえるだろう。

こうした事例は、伊勢神宮に仕えた斎王の宮殿の斎宮《さいくう》でも、主神司が祀る諸神が班幣の対象だったのに神社とされなかった例が見られるし、さらに古く、祭祀的遺構が見られる五～六世紀の豪族居館遺跡以来おそらく同様だったと考えられる。宮中や斎宮の諸神は、王権が直接祭祀を行う場なので班幣の対象として記載されたものであろう。

一方、宮中には、特定の祭祀の時にだけ祭儀の場となる建物があった。たとえば大極殿《だいごくでん》である。古代の天皇即位の儀式は天孫降臨の反映儀礼であり、神祇令《じんぎりょう》にも見られ、祭祀の一つとされていたものだが、大極殿で行われている。また、群臣が正月元日に天皇を拝賀する正月朝賀《ちょうが》の儀式も即位儀の反復儀礼であり、年頭の祭祀と位置づけられるものであった。七世紀後半、おそらく藤原宮において、天皇が執務をする空間として形成された国政の中心施設、大極殿は、時に祭祀を行う所にもなったのである。

伊勢斎王の発遣もまた、遅くとも平安時代初期には大極殿で行われる儀礼であった。斎王は天皇一代に原則として一人、伊勢に派遣され、伊勢神宮祭祀に参加する。それは、『日本書紀』垂仁天皇紀に見られる伊勢神宮成立記事、すなわち、アマテラスの祭祀権を天皇から分与された皇女が旅をして伊勢に鎮《しず》めたという、律令国家が公認した伊勢神宮の成立伝承を、「史実」的に再現する存在であった。斎王という祭祀専科の存在を置くことで、天皇は祭を行う支配者から、政治を主体とする支配者に脱皮できたのであり、同時に国家守護神の祭祀という極度に政治的な祭祀権を自らの「分身」に託すことで手元に置けたのである。その意味で斎王の発遣は、国家的な祭祀権が天皇権の一部であることを象徴した儀礼であったと考えられる（榎村・一九九六a、二〇〇四b）。

ところが、平安時代の即位儀などでは、唐風の礼服を着して臨み天皇の特権を象徴する座である高御座《たかみくら》に座していた天皇は、斎王発遣儀礼では帛服（白服）を着して高御座は使わず、平座で斎王の額に、祭祀権分与儀礼と見られる黄楊《つげ》の小櫛を挿すという「祭祀」を行い、同時に、平時には大極殿後殿で行われた伊勢神宮への奉幣も実施された。大極殿の祭祀も一様ではない（榎村・一九九六a）。

この他、新嘗祭《にいなめさい》は神嘉殿《しんかでん》という特別の建物で行われるが、これは平安宮になってはじめて確認される施設で、平城宮では発見されておらず、奈良時代の新嘗祭は、それ専用の建物で行われていなかった可能性もある。もともと新嘗祭とは邸宅の正殿で忌《い》み籠《ごも》りをして神を待ち、そののちに宴を開く祭祀であったはずだからである。また、大嘗宮《だいじょうきゅう》のようにその時だけ造られる仮宮もあるわけで、祭祀の場については、実にいろいろなバリエーションがある。「神社」という言葉を神祭の場として考えるのも、完全に正しい認識だとは言えないのである。

神と祖先

さて、神を考えるうえで、六世紀の支配者層の初めて受け入れた仏教が、蘇我稲目《そがのいなめ》の「個人宅」で祀られたもの、すなわち、おそらく同時代の中国大陸は長江流域の南朝諸王朝で広まっていた個人主義的な仏教だったことも重要である。こうした仏教は、国家レベルではなく、祖先が同じという意識を共有する擬制的な血縁集団＝「氏」の祭祀として受け入れられた。

中国大陸の社会とは違い、当時の列島社会では、男系直系の家が未形成で、双系的に維持される氏が政治集団の基礎となっていた（義江明子・一九八六b）。その氏を構成する人びとの経済的拠点が「宅」である。そして宅には神が居り、祭らなければならない、という考え方はかなり古くからあったようで、八世紀段階でも、宅神祭《たくじんさい》という祭祀が、貴庶を通じて非常に重要な祭とされていた。朝廷では、六月・十二月に行われる月次祭がそれにあたる、という解釈もあるように（『令集解《りょうのしゅうげ》』）、それは律令国家段階でも公認されたものだった。ゆえに、仏教を個人レベルで受け入れる時には、まず宅での祭祀が行われたと考えられる。八世紀の地方仏教のありかたを物語る資料として著名な、群馬県高崎市に残されている金井沢碑には、「七世父母、現在父母の為《ため》に、知識を結びて、天地に誓願し仕え奉《たてまつ》る」とある。「七世父母」への祭祀が、中国南朝で発達した、家の祭祀と結びついた仏教の祖先祭祀を受け入れる素地となっていく。日本の仏教には、流入当初から祖先祭祀色が付けられていたのである。公的な仏教史では表に出ないが、仏教伝播以来中・近世に至るまで、日本の個人仏教は、血縁集団の祖先に対する供養として発展してきたといえる（竹田・一九七一）。

また、最初の得度者《とくどしゃ》は渡来系氏族の尼僧だったのも重要なことである。尼が家の祖先祭祀を掌る、という発想もまた、実は根も奥も深い。本来の仏教の教理からいえば、出家得度者、つまり世間的な繋《つな》がりを絶った者が祖先祭祀を行えるはずがない。ところが、日本では、それに尼僧の果たした役割は大きいのである。これは、「刀自《とじ》」と呼ばれる女性のリーダーが集団の結束のために大きな役割を果たしていた古代社会の双系的な特色を反映していると考えられている（義江明子・二〇〇七）。

こうした女性祭祀者と仏教との関わりは、社会構造が大きく変わっても伏流水のように続いていく。たとえば摂関家の一つ近衛《このえ》家では、室町時代には御霊殿《ごりようでん》という施設を置いて、直系の娘の一人が尼となり先祖供養を行っていた（渡辺悦子・二〇〇六）。あるいは、平安初期の軍事貴族として知られる坂上《さかのうえの》田村麻呂《たむらまろ》の子孫である坂上家では、その所領のある摂津《せっつ》国東成《ひがしなり》郡平野郷の長宝寺の寺伝によると、代々娘を尼として入れて、近世まで祖先供養を行っていたという。そして天皇家でも斎王制度が崩壊してもなお、門跡《もんぜき》寺院などで女性祭祀者の伝統は保持されていた。近衛家のような男系継承される「家」が成立し、女性の地位が低下し、その多くが余剰化していた中世社会においても、女性の祖先祭祀に関わる役割は保持されていたのである。

ただしここで忘れてはならないのは、仏教が渡来した頃には、神話上の祖を別にして、具体的に血縁でさかのぼれる祖先の霊魂を「神」と呼ぶ意識はなかったらしいことである。『古事記』や『日本書紀』の記述を見ても、七世紀末期から八世紀初頭頃の文筆担当者の用語意識でも、祖先は「祖」「おや」であり、神や仏とは別のものと意識されていた。そして七世紀段階でも、多くの地域ではいまだ死者は個々の古墳に、おそらくせいぜい家族単位までのグループで埋葬されて祀られるものであった。その段階の祖先祭祀は「神」とも「仏」ともいまだ直接には結びついていない。大化の薄葬令を経て墳丘を持つ墓が姿を消し、祖先祭祀は古墳から氏寺に引き継がれていくようである。

神と都城

このように、古代において神や神社という概念規定は実に難しい。こうしたことを考えるうちに、私は、神社という概念の確立は、じつは都城の確立と一定の関係があるのではないかと思いはじめた。

考えてみれば、全国の主要な神社、といっても、ほとんどの有力な神社は平城京や平安京の周辺に立地している。これは神社と呼ばれるものが中央政治と深く関連していたことを示唆している。

そして、地方の古代以来の由緒を称する神社もまた、中央との関係が深い。たとえば静岡県の浅間《あさま》大社（駿河）、三嶋《みしま》大社（伊豆）、埼玉県の氷川《ひかわ》大社（武蔵）、千葉県の香取《かとり》神宮（下総）、茨城県の鹿島《かしま》神宮（常陸）、滋賀県の建部《たけべ》大社（近江）、長野県の諏訪《すわ》大社（信濃）、栃木県の二荒山《ふたらさん》神社（下野）、宮城県の塩竈《しおがま》神社（陸奥）、福井県の気比《けひ》神宮（越前）、石川県の白山《はくさん》神社比咩《ひめ》神社（加賀）、石川県の気多《けた》大社（能登）、新潟県の弥彦《やひこ》神社（越後）、島根県の出雲大社（出雲）、岡山県の吉備津彦《きびつひこ》神社（備前）、吉備津神社（備中）、中山神社（美作）、広島県の厳島《いつくしま》神社（安芸）、山口県の住吉神社（周防）、和歌山県の日前《ひのくま》・国懸《くにかかす》神社（紀伊）、愛媛県の大山祇《おおやまつみ》神社（伊予）、福岡県の筥崎《はこざき》宮（筑前）、大分県の宇佐《うさ》神宮（豊前）、熊本県の阿蘇神社（肥後）など、古代以来少しは名の通っている神社は、平安時代後期には諸国一宮《いちのみや》とされ、国衙《こくが》の庇護を受け、のちに守護、そして戦国大名、近世大名に引き継がれた、というものである（岡田荘司・二〇〇二）。それ以外の有力社もほとんどが二宮、三宮とされていて国府とは関係がある。また平安時代以降、これらの神社にはほとんど神宮寺が置かれるようになるが、それらの寺院は、ほとんどが中央の荘園領主寺院、つまり宗教的権門の末寺となり、その傘下に入っていくのである。仮にそうではないものがあったとしても、その多くは八幡・稲荷など仏教的色彩の強い系統の神社や、熊野のような修験系の神社に属するものなのである。

現在の「伝統的な神社」と称するものの形は、意外に似通っている。たとえば神社建築の様式は、京の賀茂神社に倣った形（流造《ながれづくり》）、奈良の春日神社の形（春日造）、八幡造、権現造、入母屋《いりもや》造など、割合に限られている（黒田龍二・二〇〇〇）。あるいは、大鳥居とともに、二層の檜皮葺《ひわだぶき》の楼門をシンボル的に設置している神社も多い。こうした形式は、平安時代に形成されたきわめて単純なサンプルのもとに、各地の国府の主導によってコピーされ、劣化しつつも汎用化して広まっていったものと言っていいと思われる。そしてその単純なサンプルは、平安時代の貴族社会の認識の中で育まれ、全国に発信されたものである。たとえ諸国一宮や、熊野のようなローカルな神格であったとしても、貴族文化の洗

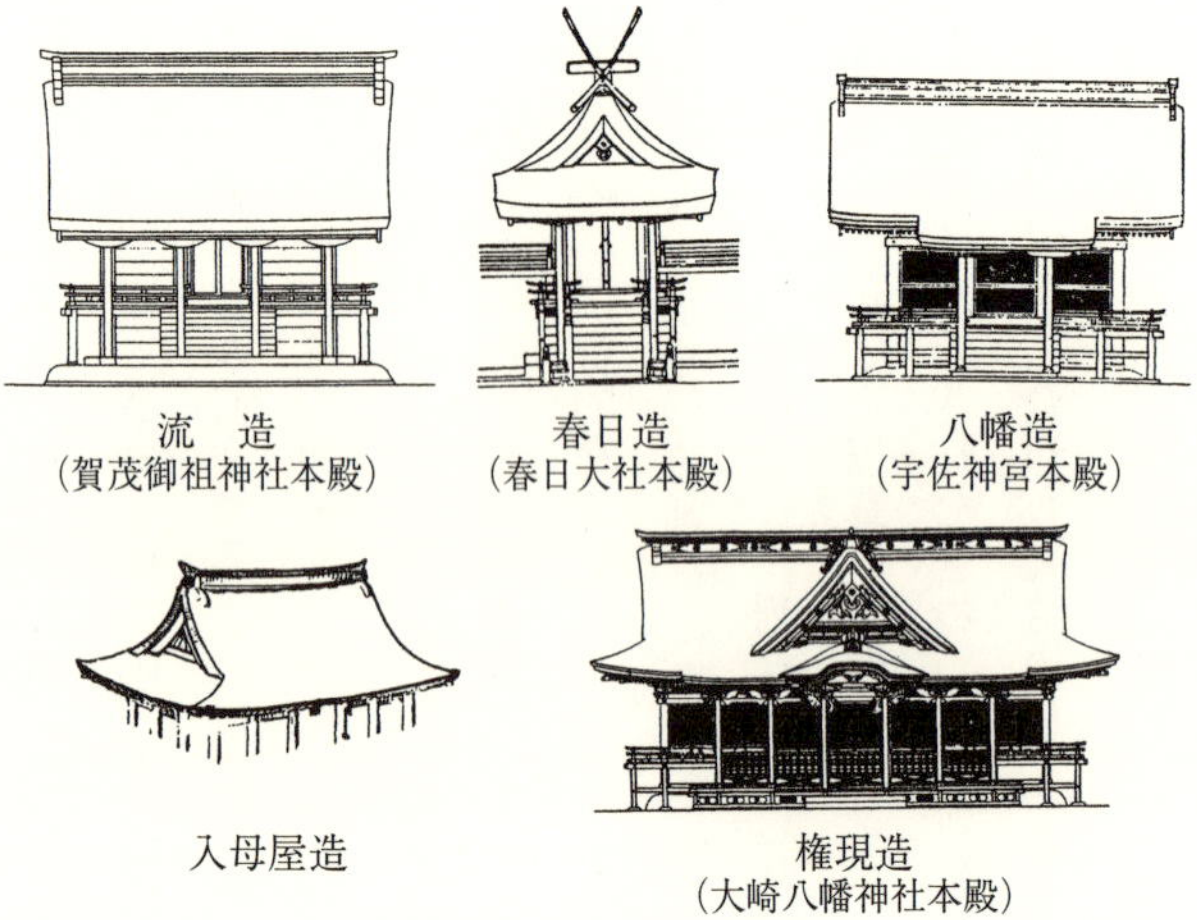

図6　神社建築の様式

礼を経て全国化していく。つまり価値を認定するものとして京の貴族層の役割を無視できないのである。したがって、全国の有力社は、いずれも似たり寄ったりになっていく。このように見ていくと、神社と称する「かたち」の形成には、京の文化が大きく寄与していたことはやはり無視できないのである。

つまりは、都城と神社、あるいは京と神社の関係は、神社の歴史を考えるキーになるものだと考えるのである。

一方、以前私は、「都城と神社」という論文で、大和の有力な神格であった大倭神社や大神神社が平城京とまったく関係を持たず、京内の日照りなどの時にも、祈雨祭祀が行われる特定の神社がないことなどから、都城、すなわち京域全体を守護する神社が置かれなかったこと、国家の守護神や国王家の氏族神の社もなかったこと、また、貴族や民衆の氏神が置かれていた形跡もないことを指摘した。さらに都市住民が生活の半分を出身地域に置いていたため都城の中に神社を持つような共同体を作っていなかったこと、神が人格神のような可動性の高い次元にまで達していなかったため、神社は自然と人工世界の境界線に成立するもので、都城にはなじまなかったことなどが原因である、という仮説を提示した。同時に、平安京の周囲に大量の神社が成立してくることも指摘し（榎村・一九九六a）、それが人口の集中にともない、その周囲に自然との境界線が成立したことによる、とも指摘した（榎村・一九九六b）。

この時の視点は、神祀りの場としての「ヤシロ」が置かれるべき環境を重視したものである。要するに都城や寺院は人工的環境であり、自然的存在の神社は排除せざるを得なかったと考えたのである。

ところが一方で、奈良時代にはその生活の一端を出身地の宅地経営に置いていた貴族たちは、平安時代には都城に集住するようになり、都市貴族が誕生することが指摘されている（仁藤智子・二〇〇〇）。そうした大規模な社会変革の中で、生活の中で生じるさまざまな情報は京に集約され、京から発信されていくようになる。神や神社についての概念もその例外ではありえない。

奈良時代には神は京内には安住の地を得られなかった。しかし貴族や民衆はそれぞれの生活の中で神祀りを営々と続け、ついに京と神の共存を可能にしたのである。その意味では、京の形成から京周辺の神社の発展に至る歴史は、この国の文化史を大きく変革し、既成していった大きな転機といえるのではないか。

こうした視点により、京の発生段階から平安京定着までの流れの中に、神社史を位置づけていこうと思う。

都城の形成と王権祭祀

京の造営と都市の萌芽

京という概念が近年大きくゆらぎつつある。長い間京とは、平城京や平安京のように、大路小路《おおじこうじ》で碁盤のように区切られ、朱雀《すざく》大路という南北の大道路を中心に左右対称に広がり、天皇の住む宮殿が朱雀大路の北端にあるもので、それは、藤原京を拡大した平城京によって完成した、というのが「常識」だった。ところが近年は、平城京に先行する藤原京の宮殿部分が京の中央に近い所だったらしい、とか、藤原京が実は平城京より大きかった、とか、飛鳥にある飛鳥板蓋宮《いたぶきのみや》や飛鳥浄御原《きよみはら》宮を中心として、飛鳥寺《あすかでら》や元薬師寺《もとやくしじ》などの寺院が連なる地域も飛鳥京と呼ぶべきだ、とか、実にさまざまな議論がなされている。

藤原京については、近年には、『周礼《しゅうらい》』など紀元前の中国に由来するとされる、きわめて古い机上的な観念に立脚して設計されたもので、『大宝律令』などを手みやげに、「日本」の国号をはじめて名乗って訪唐した大宝《たいほう》元年の遣唐使が唐の長安を見て、あまりの違いに驚き、平城京を設計したとする説が出されている（渡辺晃宏・二〇〇一）。この説が正しいとしても、それまでの都である飛鳥と藤原京の相違は歴然としており、藤原京を造った思想は平城京に受け継がれたと考えられる。

それに対して、飛鳥の「京」は、六世紀後半頃から次第に大きくなってきた「大王の宮殿のある所」＋関係者の住む所に、斉明《さいめい》天皇の頃になって、国際的政権を強調するため、新羅《しらぎ》的な苑池施設や迎賓施設などの都市的な装飾を付属させ、周辺地域と隔絶したイメージを創り上げて成立したといえる。このような「都市」設計は他の時代に類がない。そのため、「飛鳥京」を飾った装飾品は、その意味が早くに忘れられ、二面石、猿石、酒船石、須弥山《しゅみせん》石など「謎の石造物」になってしまったのである。

つまり、飛鳥「京」が仮に京であったとしても、藤原京の造成は、「京」イメージの大転換であったことには変わりない。藤原京に始まる「京」の形成は、王の住む宮殿を囲む大集落を、律令国家体制を体現した中国風の計画都市へと変身させた、古代都市史上の大転換なのである。

「京戸」＝都市住民の誕生

この段階で「京」とは、王権を立法・行政・司法・一般事務・警備警察・力役《りきえき》などの手段によって直接維持するために、上は高級官僚（貴族）から下は力役に従事して貨幣で賃金を得て生計を立てるというこれまでにない職掌の人びとに至る、たくさんの人たちが集住する所となった。そして構成員は、貴族から労働者に至るまで、戸籍上は京戸《きょうこ》、つまり京に本貫地《ほんがんち》を持つ者、として掌握され、周囲の一般公民とは、諸々の義務やそれに対応した税制的優遇など、待遇の異なる存在となった。また住居の規模や形態は、班給、つまり国家からの指定を基本とするため、官人であるかどうか、さらに官人の中では身分の高下によって整然と規定された。

つまり、都市の住民ができたのである（北村・一九八四、一九九五）。

そして、この住民構成は、擬制的血縁共同体である「氏」ではなく、単婚小家族を中核に構成される「家」が基本となった。そのため、集住形態もおのずと異なるものとなった。はやい話が、当時の村は、一集落ほとんど親戚のような状態だったのが、隣家とはまったくの他人が当たり前、という生活形態になったのである。それは現代にまで続く「都市」的景観の始まりだったといえる。

さて、王権とは、王を頂点に置き、ピラミッド形に編成された多数の人びとで維持されている支配体制を、あたかも王個人が超絶的な力で保っていると思い込ませるために王が付けているイメージであり、権力が付けている箔のようなものだ。それは多くは宗教色のある国家行事として人びとに提示される。彼ら京戸の重要な仕事は、そうした国家行事へ参加することであった。王である天皇を頂点とした、民衆を支配する組織の力を示すさまざまな儀礼の端役を演じるパフォーマー、あるいはそれを見る観客として参加する義務が発生したのである。官人となった人びとにとっては、正月朝賀《ちょうが》などの場で天皇を遥かに拝賀し、あるいは天皇の行幸《ぎょうこう》、斎王群行、大祓《おおはらえ》、異国の使者の歓迎などの行事に参加して、たとえ末端であれ天皇の権威や国家の威信を示すこととともに、官人としての自らの身分を自覚することは最重要な職務であった。そして、その反対側には、朱雀大路・二条大路、すなわち宮の正面の南北道路と、前面の東西道路を舞台にして行われるこうした行事を、観客として見る立場となる、官人の家族や一般京戸の人びとがあった。オリンピックの入場行進にスタジアム観客が不可欠なように、こうした国家的儀礼には、そこにいることに感動し、それを特権と感じてプライドを鼓舞される観客もまた不可欠なのである。こうしたイベントを通じて、「隣人は他人である」京にも、新しい一体意識が形成されてくる。

しかし彼ら京の住民は、しばしば京から逃亡したという記録が見られる。その意味ではこの時代の「京」には住む魅力がなく、政治的に強制されてできた集住地帯にすぎない、ということができる。ところが一方、『日本霊異記《にほんりょういき》』などを見ると、こうした「京の住民意識」の萌芽は明らかに生まれつつあった。たとえば、京に住み、寺から銭を借りて地方で交易を行うなど、都市に根拠地を置いた商人の姿を見ることができるのである。平城京の京戸たちが、本格的な都市文化が生まれてくる平安時代を準備する土壌となったことは否定できない。

都城と神々

さて、この京の中心である「宮」には、先にも少しふれたがいろいろな神が祭られていたらしい。はっきりしている平安宮の場合、宮の土地を守る神、国土の神霊のような神、そして天皇の祖先に「国」の支配を命じた高天原《たかまのはら》の主催神、タカミムスヒなどが祀られていた。おそらく平城京でも同様だったと考えられる。ところが、こうした神々の中には、京を守護する神は入っていなかった。また、中国の京なら当然あるはずの、宗廟《そうびょう》・社稷《しゃしょく》といった、王権の祖先祭祀、あるいは農耕祭祀の場も見られなかったのである。

そもそも、八世紀には、宮殿で祀られる神と、全国で祀られる神の関係は、それほど明確ではなく、京を頂点とした神社支配は十分なものではなかった。八世紀の神々を説明する資料として創られた文献といえば『古事記』『日本書紀』の神話だと考えられがちである。しかし、これらの神話（合わせて記紀神話という）は、六世紀頃からの大王と豪族たちの同盟関係を神代以来、という形で表そうとしたもので（榎村・二〇〇四a）、出雲《いずも》や諏訪《すわ》など特定の神をのぞいて、全国の有力な神と天皇の関係などは、ほとんど書いていないのである。神話において、天皇の全国支配を正統化しているのは「天孫降臨」により、数多い国つ神が服属した、という一点のみであり、地域的な神の位置づけなどはあまり考慮されていない。

律令国家はこれを進めて、全国の神祇を一律に支配しようとした。律令国家最大の祭祀である二月に行われる祈年祭は、全国の神社に仕える祝《はふり》を平安宮に集め、予祝のためと考えられる幣帛《へいはく》を分つ祭祀である。全国の神に等しく幣帛を分つこと（班幣）こそ祈年祭の意義であり、そこでは王権の前には、すべての神は等しい立場にある、という建前が実践されているのである（西宮・二〇〇四）。

ところが、祈年祭の起源神話のようなものは神話には出てこない。つまり、律令的な神祇支配の意味は、神話では説明できないのである。「神祇」という言葉の本来の意味である、天神・地祇と説明される神の大分類、天つ神と国つ神さえ、律令体制発足時にはそれほど明確には区別されていなかったようである。

また、宮中で祀られている天皇関係の神にしても、天皇の身体護持や、国土の象徴化したものであり、律令体制のありかたとは必ずしも対応していない。

律令国家の祭祀構造については、岡田精司、西宮秀紀、加藤優（加藤・一九七八）、矢野健一（矢野・一九八六）などによる分類があるが、ここではそれらを総括した、中村英重の説を紹介しておこう（中村・一九九九）。

中村は律令祭祀を、

1　国家祭祀　祈年祭、月次祭《つきなみさい》、大《だい》（新）嘗祭《じょうさい》、即位条祭祀
2　聖体祭祀　鎮魂祭、大祓《おおはらえ》
3　都宮祭祀　鎮火祭、道饗祭《みちあえのまつり》
4　神宮祭祀　神衣祭、神嘗祭《かんなめさい》
5　神社祭祀　鎮花祭、三枝祭《さいぐさまつり》、大忌祭、風神祭、相嘗祭《あいなめさい》

に分類した。細部については異論もあるが、大まかには首肯できる説である。しかしここ

で注目しておきたいのは、都城祭祀ではなく、都宮祭祀と命名されていることである。中村は鎮火祭について、宮城、つまり大内裏の四隅で行う防火祭祀で、その起源は古く王宮で行われていた祭祀に求める。また、道饗祭については、京城、つまり都城の四隅で京外から襲来した「鬼魅《きみ》」を防御する祭祀で、やはり律令祭祀より古く、「王宮を中心とした一定の地域に四至を画定して行われていた王権祭祀」が起源とする。しかし、中村も論及している『続日本紀』天平《てんぴょう》七年（七三五）八月乙未（二十三日）条には、

このごろ大宰府《だざいふ》に疫死《えきし》する者が多いと聞く。疫気を救い療して、民の命を助けようと思う。そのため、かの地域の神祇に幣帛を奉り、民のために祈らせよう。また、大宰府の大寺や別の国の諸寺には金剛般若《こんごうはんにゃ》経《きょう》を読ませよう。そして使を遣わして疫病の民に施しをして、湯薬（せんじ薬）を与えよう。また長門《ながと》国よりこのかたの諸国の国《くにの》守《かみ》または介《すけ》は、もっぱら斎戒して道饗の祭祀をするように。

という勅が見える。今から三十年ほど前なら、京と同様に国府の四隅で道饗祭が行われた、と考えられた所だが、現在は、この時期に京の縮小版のような国府域はまだ形成されていなかったものと考えられている。ならば、この道饗は文字通り、山陽道を疫病が上ってくるのを防ぐ道饗で、四隅という定点にこだわらないものだったと考えられよう。そうした

道饗こそが本来の道饗であり、七三〇年頃には、この四至にこだわらない道饗の伝統はいまだ根強く残っており、それを防疫のために広域で行った、と考えるべきだろう。

つまり、注意しておかなければならないのは、鎮火祭、道饗祭ともに都城の確立とともに創始された祭ではなく、過去からあった祭祀を、宮や京に応用したのにすぎないということなのである。

このように、律令国家の権力を結集した施設であるはずの「京」は、それ自体の守護者を創出しないまま、「神なき空間」として発足したと考えられる。

さて、京を守護する神に代わって、律令体制下で王権守護の役を果たしていたのは、伊勢神宮であった。伊勢神宮の祝にあたる禰宜《ねぎ》は祈年祭に参加する義務はなく、幣帛は勅使によって奉られる特別な神と認識されていた。ただし、伊勢神宮は国家守護をする神というわけではない。

律令国家と伊勢神宮

律令国家は、複雑な政治的背景のもとに生まれた中央集権国家である。東アジアでは、二二〇年に漢族の国家である漢が崩壊した後、魏晋南北朝時代には、漢族とインドや中央アジア、遠く西アジアとも関係する周囲の民族との無数の混交が繰り返され、いくつもの小国が次第に外部に領域を拡大し、さらにつぶしあって求心性を高め、これまでにない広

図７　伊勢神宮内宮正殿

大な多民族国家を造る素地が固まる。そして六世紀後半に、隋《ずい》に始まる、新しいタイプの国際的な帝国が成立するのである。

つまり、漢と隋・唐は、単なる交替した王朝ではなく、「国」の概念自体がまったく異なる国家だといえる。こうした「新しい国家の創出」の動きの中で、周辺諸国である朝鮮半島や日本列島の諸勢力も触発され、同様に求心性を高め、国家形成を進めていくのである。

こうした国際情勢に対応した大和の勢力は、六世紀後半以来、強力な政府を創るための試行錯誤を繰り返し、ついに大王家が執政豪族の蘇我氏（ただし本宗家《ほんそうけ》と呼ばれる、蝦夷《えみし》・入鹿《いるか》の系統）を滅ぼして内部対立を克服し（六四五年）、飛鳥に国際的色彩を持つ首都を構え、中央集権を強めた。しかし、この政権は、朝鮮半島の権益を白村江《はくそんこう》の戦の敗戦で喪失し（六六三年）、その直前にリーダーである大王（斉明天皇）を失ったことなどにより大きな打撃を受け、その政治方針は一頓挫せざるをえなくなる。

閉塞状態からの脱却と方針転換のため、中大兄《なかのおおえ》皇子を首班にした政権は、近江《おうみ》に遷都し、国際的な危機感を背景にした中大兄のリーダーシップの強化と、渡来系氏族、とくに百済《くだら》系亡命氏族を中心にした先進的な政治知識により、官僚制秩序に依る独裁王権を創ろうとした。称制《しょうせい》として政治的実績を重ねて即位した中大兄（天智天皇）は、政治家としての能力に加えて王としてのカリスマ性を身につけて強力な政府を形成したようだが、近江政権の突出に反発する既成勢力と、中央政府の突出に反発意識を持っていた後の伊勢・美濃・尾張など畿内東部の「東国」勢力（彼らは白村江の戦における物理的な被害も少なかった）には不満が蓄積されていたようだ。こうした潜在的な火種に点火する形で勃発したと考えられるのが、天智没後の後継者を巡る内乱、「壬申《じんしん》の乱」（六七二年）である。

つまりは、壬申の乱の勝者である大海人《おおあま》皇子（天武天皇）の政権には、地方勢力の中央集権への反乱を契機として誕生したという経緯があり、六〜七世紀の王権の志向とはまったく相反する動機で成立した、という構造的矛盾を持っていたのである。天武がこうした国家の象徴として担ぎ出したのが、それまで約七十年間無視されていた伊勢神宮であった。

伊勢神宮の歴史についてはわからないことが多い。『日本書紀』垂仁《すいにん》天皇二十五年三月条の、倭姫命《やまとひめのみこと》が諸国を巡って立地を定めた、という成立伝承は『古事記』にも見られず、きわめて信じがたいもので、律令国家による伊勢神宮のイデオロギー規定を表象するものと考えた方がよい。しかし、『日本書紀』は六世紀段階で代々の天皇がその奉斎のために皇女を遣わしたと伝える。その真偽はともかく、律令国家すなわち「日本」国の正統性を説くことをテーマとしたこの歴史書が、六世紀頃に、権力とこの神社が一定のシステム的な関係、つまり大きな事件がなく淡々とした関係を築いていたという認識を持っていることは注意しておきたい。

もともと六世紀の王権は、後に継体《けいたい》と諡《おくりな》された大王が、北陸および琵琶湖東岸から伊勢湾北部にかけて、今日の滋賀・福井・岐阜・愛知などに当たる地域との深い関係を背景にして確立した可能性が高い。ならばこの時期の権力が、伊勢湾域をことさらに重視したとしても不思議ではない。しかしそうした「王権と伊勢神宮の安定した関係」は、六世紀末期、推古《すいこ》朝後期より後退し、舒明《じょめい》・皇極《こうぎょく》・孝徳《こうとく》・斉明・天智とつづく王は、伊勢神宮との関係を求めない王として描かれ、その一方で伊勢大神は、たとえば蘇我入鹿の滅亡を猿のような叫《さけ》びで予言した神などとして記されるようになる。そうした背景の中、壬申の乱の記録に突然、「大海人皇子による天照大神への遥拝」が現れるのである。

つまり『日本書紀』の論調では、伊勢神宮こそは、急進的な改革によって忘れられた

「伊勢湾岸周辺域を重視した王権のシンボル」であり、ゆえに既成勢力への反発勢力、東国の地域勢力双方に共通する「反発のシンボル」たりうる存在であった。少なくとも『日本書紀』、すなわち律令国家のイデオロギーは、天武を、伊勢神宮を「再発見」した天皇と位置づけたのである。

斎王の位置づけ

そして天武は、大来皇女《おおくのひめみこ》を伊勢に送り、国家祭祀の形を創った。大来は天武と天智の娘大田《おおた》の子であり、当時としては最もすぐれた血統の皇族女性である。こうして王権を補佐する神としての伊勢神宮の地位が確立する。しかし大来のような未婚の皇女による奉斎は、天智の娘、天武の妻、そして双方の母である斉明の孫として双方の血統に属する女帝、持統《じとう》天皇によって否定された。持統は自ら伊勢行幸を行っており、二十年に一度の遷宮《せんぐう》、つまり定期的な造替制度が整備されたのもこのころと見る説が有力である。また、持統が上皇として後見を行っていた文武《もんむ》朝初期には、大来の後に途絶えていた、未婚の皇族女性を伊勢に送るという慣習を「伊勢斎」の制度として定着させるという作業が行われた。これが、以後十四世紀前半まで続く、天皇の代替わりごとに未婚の内親王を選んで伊勢に派遣し、天皇一代に一人、伊勢神宮の祭祀に奉仕させるという斎王の実質的な制度化といってよい。そしてこの時期に、伊勢神宮は、伊勢

「太」神宮と記されることが多くなる。神宮制度の本格的な整備は持統朝に行われたのである（榎村・二〇〇六）。

つまり伊勢に宗廟的施設と斎宮を置くことは、伝統的な大王家の特殊性によるものではなく、大宝令の成立（七〇一）を前提に、律令王権の現実的課題としての必然によるものだったのである。それは、天武の支持勢力となった東国の地方豪族たちへの一定の配慮、すなわち伊勢湾地域へ中央政府が関心を持ちつづけていることを可視的に象徴するものでもあった。

八世紀、斎王に仕える斎宮寮は次第に整備され、七二〇年代、聖武《しょうむ》朝に一定の完成を見る。「伊勢斎」制度を維持するシステムが、曲がりなりにも作動しはじめるのである。

伊勢神宮の矛盾

しかし、伊勢神宮の確立により、本来の律令国家の理想であるはずの京を頂点とするイデオロギー支配と、現実の祭祀体系はその当初から齟齬をきたす形となった。国際的契機、具体的には半島経営への関与の失敗によってもたらされた危機感を背景に中央集権を強める、という、七世紀後半の大和王権が目指してきた目標に、大きな首かせをはめることになったのである。

かくして、律令祭祀の頂点は京ではなく伊勢となった。そして京には宗廟がない、という異常事態が生じたのである。

しかし一方、律令国家は、伊勢神宮をそれまでにない異端の神社とした。正殿を幾重もの塀と門で取り囲み、その前に広場と斎王の候殿（斎内親王侍殿）を置く宮の形状は、都宮の建物配置や、礼制、つまり中国に起源を持ち身分関係を動きや衣装で表現する秩序意識に基づく儀礼を意識したものであり、定期的な造替や、朝夕に大御饌《おおみけ》と呼ばれる食事を捧げる儀礼などは、神がそこに住むという人格神的な存在を強く意識するものであった。神宮祭祀それ自身には、正殿の床下で深夜行う祭祀や、正殿前の門前の西側に太玉串《ふとたまぐし》（榊《さかき》に麻の繊維をつけた神の依り代）を立てる儀礼など、仮説祭祀場的な性格が

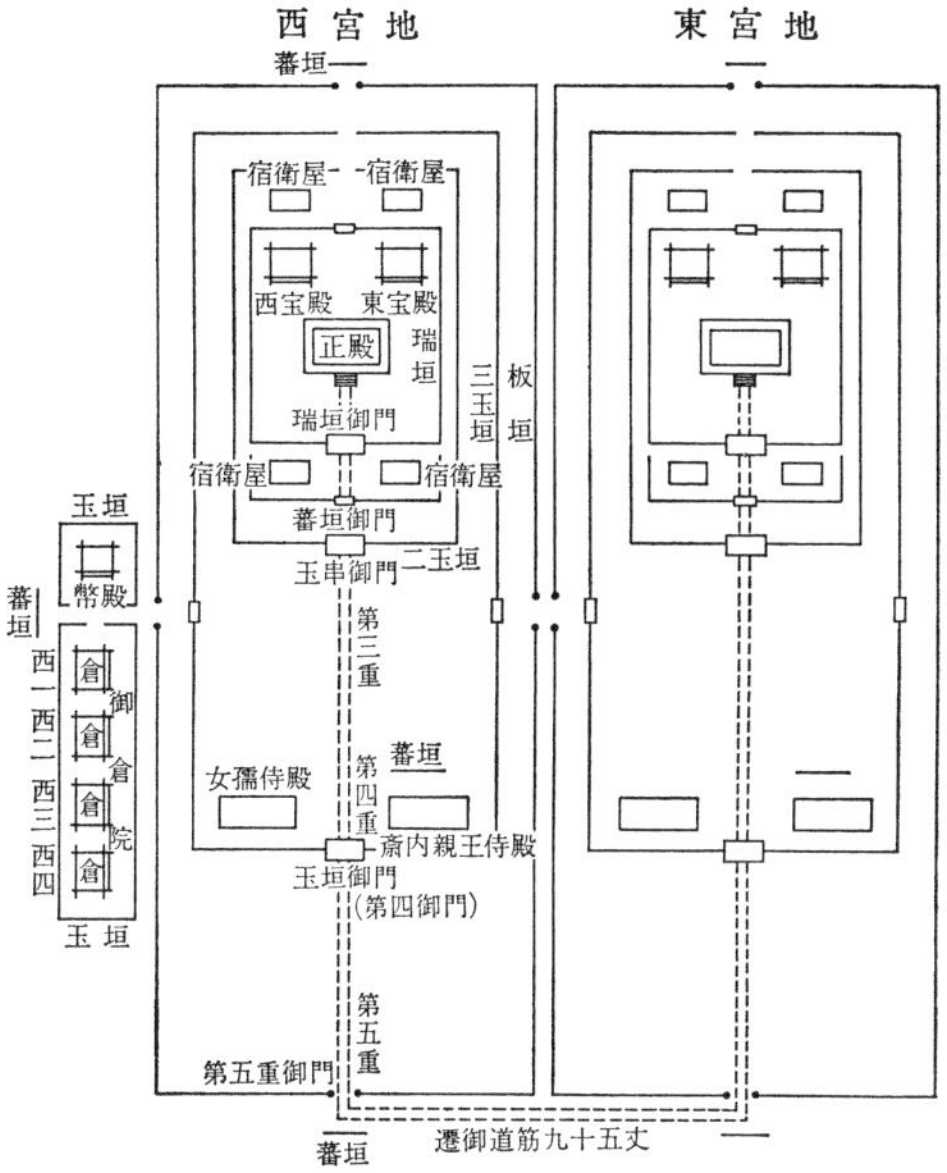

図８　奈良時代の伊勢神宮（内宮）
（福山敏男『神社建築の研究』より）

強く残るのも、祭祀の形式と神社の形態に乖離があることの証拠となろう。伊勢神宮は律令体制下に、それ以前の祭祀を一部残しつつも、儒教的な礼制に基づいて規則正しい儀礼を行う不思議な祭祀施設に変容したのである。それはおそらく古い規制に縛られた大和では難しいことであり、「神社」の定義にも大きな影響を与える変革であった。

さらに律令国家は、伊勢神宮への私幣禁断の制を定めることにより、天皇の立場をより強化させる措置を取った。天皇以外の人が願い事をするのを禁止したのである。もっともこれは少し変な制度である。そもそもこの時代の神は、氏族祭祀や地縁にもとづく共同体の祭祀にもとづくことが多く、他氏の者が祀っても大した意味がない。誰もが祀る神とは、せいぜい旅の無事を祈る路上の神程度であり、平安時代の熊野社や稲荷社のような、誰もが詣《まい》れる神など存在しえない。その意味では、伊勢神宮に限らず、神に対して、奉祭している氏族や村の構成員以外の人が勝手に奉幣しても、何の役にもたたない、たとえば伊勢神宮に他姓の大臣が勝手に奉幣しても何の効果もない、ということになる。

むしろ、この制度は、「天皇」という立場にある者のみが祀れるとした所に意義がある。伊勢神宮は「天皇」氏、あるいは「天皇」家の守護神ではなく、「天皇」という地位にあるものにだけ祭祀特権がある、という形になったことが重要なのである。その意味で、私幣禁断とは、「大王」の一族から天皇という存在を抽出し、特化する行為であった。そしてその社が、京からかなり離れた所に所在するという事実は、京内の祭祀施設とは違い、他の皇族や貴族・官僚たちに親しみを抱かせないことで、よりその特化を強める効力をもたらすのに有利であった。天武天皇が死去した直後、有力皇族であった大津皇子が処刑されたことの直接原因が私幣禁断を侵したことによるものだったとすれば、この処断は天皇の地位の「氏上」（国家から認定された氏族の長）に比べての特異性を広く知らしめることになったであろう。いわば伊勢神宮とは、国家の守護ではなく、天皇という「機関」を確立するために存在したのである。伊勢神宮によって天皇は官人として編成された、全豪族・全皇族の上にイデオロギー的に屹立《きつりつ》することになったといえる。

都城の形成と神社統制の萌芽

一方、七世紀後半には、全国的な神社統制の萌芽が見られることが、岡田精司や西宮秀紀によって指摘されている。その試みは天智朝に始まったようで、紆余曲折《うよきょくせつ》をへて先述した祈年祭という形で、全国的な予祝祭を実施する体制が確立することで一定の決着を見る。

それでも直木孝次郎が指摘するように（直木・二〇〇五）、『類聚三代格《るいじゅうさんだいきゃく》』などを見ると、持統朝頃には、伊勢神宮とともに、大倭社など大和の特定の神社への強い依存意識などが見られ、ことは単純ではない。たとえば先述した『日本書紀』崇神・垂仁紀に見られる、豊鍬入姫命《とよすきいりひめのみこと》がアマテラスを笠縫邑《かさぬいむら》に祀り、倭姫命《やまとひめのみこと》が諸国を歩いて伊勢に神宮を定めたという成立伝承には、一書と呼ばれる異伝が付属しており、そこではすべてを倭姫命が行ったとしている。『日本書紀』という本は、神代紀の部分は本文と多くの異伝で構成されているが、神武天皇紀以降の「歴史」とされる部分では異伝はごく珍しい。そしてこの異伝の後半は、大倭社の祭祀伝承につながっていく、つまり大倭社に伝えられていた可能性が高いのである。このように、伊勢神宮の成立伝承については、天皇家と大倭社で主張が食い違っていて、しかも『日本書紀』編纂担当が、大倭社の説を完全無視できなかったのである。八世紀初頭の王権は、自らの守護神の伝承すら一つに絞りきれていなかった、すなわち祭祀的な権威は必ずしも一色に統一されていたわけではなかったのである。

そしてこの伝説を伝えていたのが、大倭社であったことも無視できない事実である。『日本書紀』本文では、大倭社は、崇神《すじん》天皇の七年に、それまで天照大神とともに宮中に祀られていた倭大国魂神を外に出して成立したとされる。つまり王権の守護神であるアマテラスとともに王権の所在する大和を鎮める神とされた、王権にきわめて近しい神なのである。しかも当初は皇女の渟名城入姫命《ぬなきのいりびめのみこと》に祀らせたところが、姫の髪が抜け落ちやせ細ったとある。『日本書紀』の編纂された七世紀末期から八世紀初頭頃には、もとは王権によって祭祀が行われていたと認識されていたのである。つまり当時の認識では、大和盆地でもっとも格式が高い神は、よくいわれる三輪《みわ》神（大神社）ではなく、倭大国魂神であり、伊勢神宮とともに、車の両輪のような体制で、王権を守護していると考えられていたらしい。伊勢神宮祭祀により、天皇という「機関」が特化されてはいても、今も国中《くになか》と呼ばれる狭義のヤマトは、天皇のいる空間として、依然として聖別されていたのである。

そして留意すべきは、都城《とじょう》の形成期と、こうした意識のもとで神社統制が進められた時期とが重なっていたことであり、相互に規制関係をとれなかったことである。たとえば、壬申の乱と関係する神社が相嘗祭の対象になるなど、全国の神社を一律に支配していく大きな流れの中でも、とくに重視される神社がなお増加しているように、ことは単純ではないのである。

そして、くりかえすが、大和の大倭社、難波《なにわ》京の難波（生国魂《いくくにたま》）社、大津京の日吉《ひよし》社など、都城の置かれた土地の国魂神的な神社への祭祀が行われる一方で、新規に造営された都城という空間だけを守る神社、あるいは宗廟社禝のような国家祭祀の場を置く、という発想はこの時代にはついに生まれなかったのである。

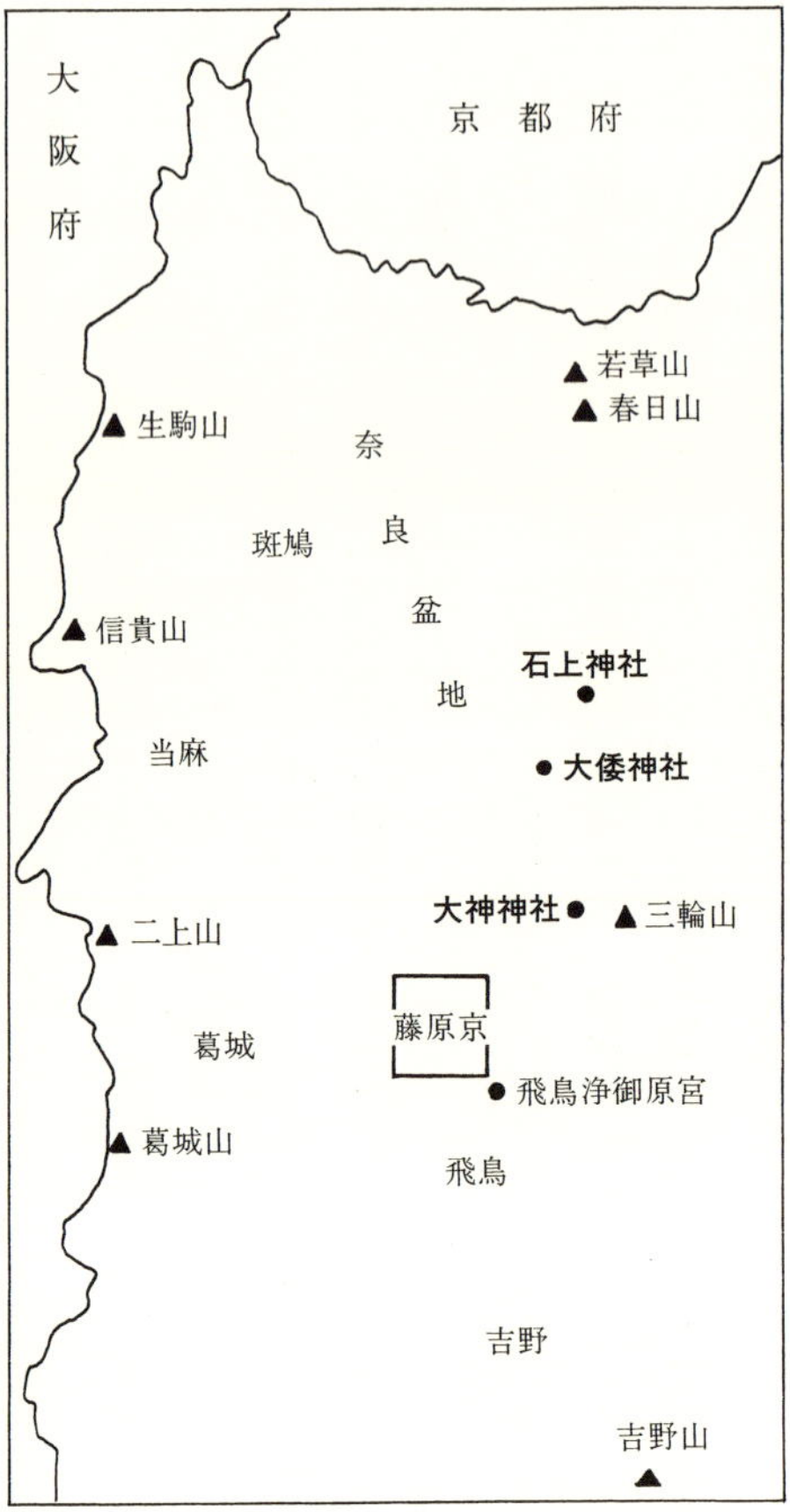

図9　藤原京と神社位置図

たとえば藤原京については、近年の発掘調査により、その範囲が飛躍的に広がったことで、天香具山《あまのかぐやま》のような神聖な山とされるものをそのプランの中にとりこんではいた。あるいは神武天皇陵に比定されていた古墳を、宗廟のように京内に置いていたのではないか、という指摘もでてきている（林部・二〇〇一）。

先にも見たように、律令国家が当初造営しようとした都城である藤原京は、『周礼』にもとづくかなり理想主義的なものだったと考えられる。しかし、「神まつりの場」を都城の中に取り込むという形態が以後の都城に根付かなかったことは重要である。つまり、日本の都城は、その領域を守る宗教施設を持たなかったのみならず、その草創期には取り込んでいた既成の祭祀の場を、ことさらに排除する方向に「進化」したのである。

このように、都城は、国家による神祇《じんぎ》統制がようやくその緒に就いた時期に、それ自身が特殊な祭祀空間と認識されていた大和盆地の中に、さらに特殊な空間として発生したものであり、その空間自体が特定の神によって守られるとは意識されていなかった空間だった。

都城、つまり京とは、共同体祭祀的なレベルにとどまっていた当時の神観念では律しきれない空間と認識されていたものだともいえそうなのである。

平城京と都市祭祀——神なき街創り

さて、このように、平城京の中には、京を守護するための神社や、都市民衆の崇敬するような神社は置くことができなかったと考えられるのだが、だからといって、かつてなく人間が集住する街となった京は、「神なき都」ではいられなかった。新しい空間には、新たな神が発生するのである。

都城を守るもの

京が政治的な必要性から創出された都市である以上、周囲から完全に孤立した存在であったことは疑いない。しかし、律令国家の都城は中国や朝鮮のそれとは違い、羅城のような防御・遮蔽《しゃへい》施設で周囲と区別されることがない。しかし王権の所在地を維持していくために必須の空間として、いろいろな階層の人びとを取り込み、さまざまな価値観を創出していく。こうした京の性格はその後も受けつがれていき、室町時代後期の自治都市など一部の例外をのぞき、日本の都市史を規定するほどの特徴になった（館野・二〇〇二）。すなわち、都城とその外部とは、明確に断絶されていたわけではなく、自由な通行が可能だったのである。しかしこれでは、京は、単に武力だけでなくさまざまな凶事からまったく無防備でまとまりのない存在にしかならないのではないか。それ以前に、京と京でない所の違いなどがわからなくなるのではないだろうか。

ところが、大宝令の段階ですでに「京職《きょうしき》」が見られるように、このような状態でも、京が一つのまとまった空間として認識されていたことは間違いない。では、どのように京の内外を区別し、「守っていた」のだろうか。

一つには大きな住居がそれなりに整然と立ち並ぶ光景であろう。既存の集落ではこうした傾向は考えにくい。しかしそれ以上に重要なのは、広大な直線道路による構成であったと考えられる。既往の道路に比べて格段に広い区画道路は、それ自体が周囲との視覚的な遮蔽物であったと考えられ、その南端中央にあった羅城門《らじょうもん》は、その境界を象徴するものと考えられたことであろう。それはまさに道路の重なり、すなわち、「辻」の集合体として他から識別される、結界都市ともいうべきものであった。

つまり、京とは、計画的な交差点の集合体として、周囲から区別されるものだったのである。

道饗祭の意味

こうした都市を守るものとして想定されたのが、都城の四隅で行われるようになった「道饗祭《みちあえのまつり》」である。この祭については、境界で善神を饗して悪神を追うのか、やってくる悪神を饗してお帰りいただくのか、二通りの理解があるが、いずれにしても神を祀って悪いモノを追い払い、結界内を祭る祭祀である。境界祭祀によって悪いモノを防ぐという観念は、たとえば記紀神話の黄泉《よみ》訪問神話にも見られるところであり、また、先述の常世《とこよ》神祭祀にも見られ、おそらく集落などを守る祭祀として広範に行われていたと考えられる。そして八世紀にも、赤瘡《あかもがさ》の流行の際に西日本諸国で執行が命じられたように、一般的に行われていたのである。これが京を守護する辻の祭祀として取り込まれたことで、辻の祭祀、あるいは呪術は、京の祭祀を語る時、決して見過ごせないものになっていくのである。

また、『類聚三代格《るいじゆうさんだいきやく》』禁制事を見ると、天平神護《てんぴようじんご》二年（七六六）に「両京、畿内の踏《とう》歌《か》が禁断」されている。さらに延暦《えんりやく》十七年（七九八）には「両京畿内で夜祭し歌舞をすることが禁制」されている。そこでは、「酒饌を供し互いに酔乱し、男女別なく上下は序を失い、闘争がしばしば起こり、淫奔相追し、法に違い、俗に敗れ」とその弊害が記されている。また、宝亀《ほうき》十一年（七八〇）には「京中の街路祭祀が禁断」されている。そこでは「無知の百姓が巫覡《ふげき》と結託して、妄《みだ》りに淫祀《いんし》を崇《あが》め、あやしげな呪いの類いによって、沢山の恠《かい》を作り、街路に溢れさせている」とし、その実態について「福を求めることにかこつけて却って厭魅《えんみ》を渉り、朝廷のきまりを恐れず、長く妖妄を養っている」とする。大《だい》同《どう》二年（八〇七）にも「巫覡が禍福を説いて庶民が妖言を信じ、淫祀や厭咒《えんじゅ》を盛んに行っている」ことから両京の巫覡の活動が禁断されている。一方、延暦十六年には、公私の会集時に男女が混交することが「俗に敗れ風を傷つけることが甚だしい」として禁止されている。

もともと祭に性の解放はつきものであり、踏歌として記された歌垣《うたがき》的なものはどこでも見られたはずである。ことさらに京や畿内が性的に放埒《ほうらつ》だったとは思えない。にもかかわらず朝廷は、こうした禁令を繰り返して発令し、しかもその範囲は畿内から両京に圧縮されてきている。このように、平城京後期からおそらく長岡京を経て、平安京に至る頃、京内では男女が混交して夜間に祭祀を行うというごく当たり前の現象が、淫祀、厭咒として規制され、それを主導する巫覡は追放されるようになっていったのである。

こうした祭祀の実態を伝える史料として、やや時代は下るが『本朝世紀《ほんちょうせいき》』天慶《てんぎょう》元年（九三八）九月条があげられる。当時、京では斎王の伊勢群行が近づき、国全体が葬儀や北斗星の祭りを慎む忌《い》み籠《ごも》りのような状態の中で、地震がしばしば起こるという不穏な情勢であった。そうした中で、不思議なブームが起こる。朝廷の目にはこのように映った。

東西両京の大小の道の巷に、木を刻んで神を作り、相対して安置している。その姿は丈夫《ますらお》を彷彿《ほうふつ》とさせ、頭には冠を加え、鬢《びん》のあたりにおいかけを付け、丹《に》を身体に塗って上着を緋色《ひいろ》にしている。起《た》つものも座るものもあり、顔もそれぞれに違い、女形のものを作って対面させ、臍《へそ》の下に陰陽（性器）の刻みを入れるものもある。机をその前に置き、坏《はい》や器を置いて、こどもたちが猥雑《わいざつ》なさまで慇懃《いんぎん》に拝礼し、幣帛《へいはく》や香花を捧げる者もいる。岐（ふなど・さえ）の神といい、御霊ともいう、いまだに何かわからず、時の人はこれを怪しんだ。

一見異様にみえる祭祀だが、辻に祭の場を設けることは、お地蔵さんや道祖神《どうそしん》にも見られ、性交の力によって悪いモノを追うという意識は、たとえば奈良県飛鳥坐《あすかにいます》神社の御田植祭や、巨大な男根を見せることで知られる新潟県佐渡島ののろま人形など、じつは現代でもしばしば見られる祭祀だし、朱を塗る事は古墳時代以来の魔よけの風習である。つまりこうした祭は、古代の祭が本来持っていた「歌垣」のような「どこにも属さない所＝境界領域における性の一時的解放」のイメージとも根を一つにしているのである。

　おそらく八世紀末期の京で行われていた「淫祀」とは、これと同様な、あるいはより原初的なものであったと考えられる。それは平城京で数多く出土する人形や、怪異な顔を描いた人面墨書土器などと関係するものなのであろう。荒井秀規の研究史整理によると（荒井・二〇〇五）、人面墨書土器は中国的な呪術知識に基づいて形成されたもので、八世紀に

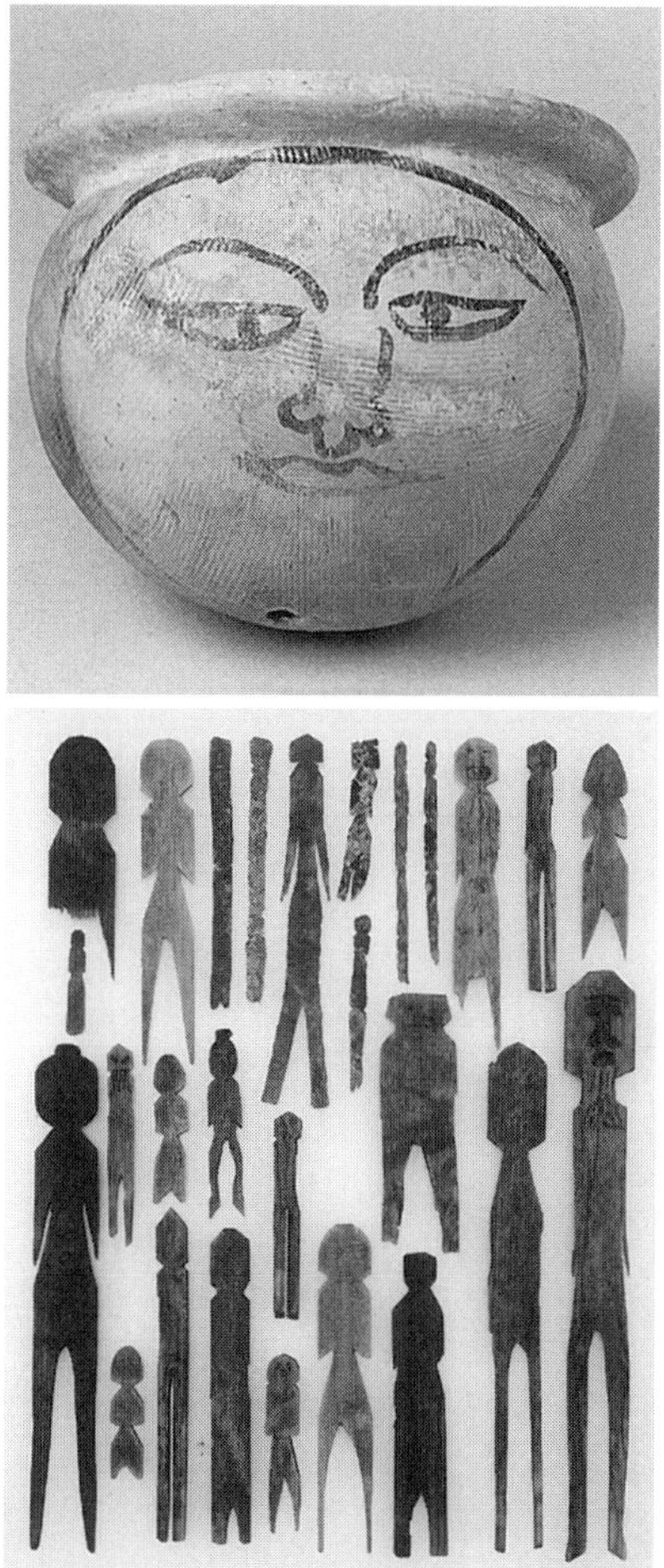

図10　人面墨書土器と人形
（平城京出土，奈良文化財研究所提供）

都城において祓《はらえ》や道饗祭に類する儀礼の場で使用が始まるが、九世紀には東国などで招《しょう》福除穢《ふくじょわい》や延命を祈願する道具として広範に流行し、浄土教などの普及により十世紀以後に衰退したとされる。新たな「まじない」が京を発信源として全国に波及し、変化していくのである。考古学的情報によると、人形もまた、九世紀になるとそれまでの小型のものを大量に投棄する形から、大型のものを少量作成する形へと変化が見られるという。『本朝世紀』に見られる岐の神も、前に案(机)を置くという記述から見て、そうした大型の人形であった可能性が高い。そうした変化の背景には、京から発生した新しい「呪」が、在来の伝統的な祭祀と影響しあって変質していく、という歴史の過程がうかがえよう。つまり都城の中では、新たな祭祀が発生することも、在来の祭祀が流入して変換されることも、また京から発信された祭祀情報が、既成の祭祀と融合して、新たな形でフィードバックされることも当然ながら見られたのである。

しかしそれらは繰り返し禁止される対象であった。しかも禁制の範囲は、次第に京という領域に限定されていく。こうした祭祀が禁制の対象になるのは、それが律令国家にとって望ましいものでなかったからに他ならない。すなわち国家は、京の中で民衆が自立的に祭を行うことについて、本来いい顔はしていなかったのであろう。それは計画都市においては、不法集会に他ならなかったからである。このように、神なき都市である「京」では、それに代わるものとして、「不思議な出来事」に対する新たな対処情報である「呪術」が必要とされ、それが全国へと発信されてもいたのである。それは京に集積された先進知識に基づく新技術であったが、時には律令国家の思惑さえも超えて、禁制の対象となるほどの新しいムーブメントをも生み出す力となったのである。

大陸系祭祀のインパクト＝国家形成期の「アジアの風」

律令制下の「呪術」を考える上で無視できないのは、大陸系の祭祀（中国大陸で発達して、近年では民間道教と呼ばれている祭祀）が果たした役割である。七世紀前半頃、大阪平野ではすでにこの種の祭祀が行われており、大阪市桑津遺跡からは、呪文を記した木簡《もっかん》が出土している。もともとこうした呪文は、神を自然界のどこにもいると考え、それらと交信するために使われる道具として発達したもので、いわば宗教というより技術であるから、同じような神観念を共有していた東アジア地域（現在の中国周辺諸国、モンゴル・北朝鮮・韓国・ベトナム・そして日本など）には受け入れやすい土壌があった。つまり「ずいぶん変な形をしているが、神に祈願するための新規技術だろう」と受け入れられたと考えられる。こうした技術から祓、つまり律令祭祀的呪術が発生するわけである。

奈良時代の平城京では、人形《ひとがた》の他にも、土馬や人面墨書土器など、文献から追える祭祀では理解できない祭祀具が大量に使われていたことが発掘調査からわかっている。これらについてはこうした観点から考えることができる。たとえば土馬については、『法華験記《ほっけげんき》』下（一二八）に見られる、疫病神《やくびょうがみ》が馬に乗って諸国を回るという記述との関係が指摘されている（水野・一九八五）。こうした神は『備後国風土記逸文《びんごのくにふどきいつぶん》』（『風土記』とされるが成立は平安時代か）に見られる「蘇民将来《そみんしょうらい》」説話では、牛頭天王《ごずてんのう》とされ、もてなさないと村ごと滅ぼす恐るべき神とされる。そうした巡行する歳末の神は、『常陸《ひたち》国風土記』では大歳神《おおとしかみ》とされる。大歳神という神は、『延喜式神名帳《えんぎしきじんめいちょう》』や『皇太神宮儀式帳《こうたいじんぐう》』にも見られ、当時広く信じられていたものであり、おそらくそれは、後世と変わらず、新しい年を運ぶ年魂神で、人びとは忌み籠りをして神を待っていたのである。彼らが巡行する大晦日《おおみそか》は、宮中では、方相氏《ほうそうし》が悪魔を追い出す、中国より伝わった祭祀、大儺《たいな》の日でもある。そこでは宮主《みやじ》、すなわち卜部《うらべ》がまつる宮中の神は別にして、宮中に籠る魔が追放され、一方宮中は「土牛」によって守られる。

このように、歳替わりの巡行神という「伝統的」な信仰と、大陸系の祭祀と思われる土馬との間には幾重もの関係を見ることができる。徳島県の伝説に、夜行神と呼ばれる「大歳神」が首切れ馬に乗って大晦日に村々を巡行し、出会うと死ぬので、人びとは忌み籠りをして迎えるというものがある。これはナマハゲやアマメハギ、あるいはトシドンの祭りとして各地に伝わる新年の来訪神の行事と疫病神が習合した形で、その神が乗るのが、破壊された土馬を思わせる首切れ馬なのである。部分を欠いた馬と疫病神の関係を示す伝承は現代にも続いており、土馬、つまり不完全になった馬の情報はじつに息の長いものとなっている。

そして呪術の道具としての土馬は、平安初期には青森県黒石市の甲高見《こうたかみ》遺跡でも確認されている。都から発信された呪術の情報は、百年以内に当時の北の果てまで到達していたのである。

以上のように、渡来系呪術は、もともとの在来祭祀と結合して定着していったものと考えられるが、その傾向がきわめて顕著なのはやはり都城遺跡である。文書行政が推進された律令国家の形成以降、祭祀や儀礼は文字に依って記録されるようになる。それは新しい知識によって土俗祭祀が再解釈されることであり、混交をいっそう加速させるものだったと考えられる。おそらく大祓のような呪術的性格の強い儀礼や、先述の道饗祭のような即効性の求められる祭祀は、既存の素朴な祭祀が、新しい知識によって最も早くバージョンアップされて成立したのであろう。情報の集積地であり、発信源で、しかも在来の共同体規制を持たない都城においては、最新科学としての渡来系呪術と、既存の祭祀が積極的に混交し、新しい祭祀情報が生成され、それが外部に発信される、という情報伝達プロセスが形成されたものと考えられる。八世紀後半から九世紀には、道饗祭祀と、陰陽道《おんみようどう》系祭祀である四角四堺祭は急速に区別をなくし、混交して理解されるようになり、後世の研究者を大いに困らせることになる。

このように、京は、神なき空間であるがゆえに、防疫意識に基づいた渡来系の呪術を背景に、新しい祭祀の発信源となったのである。

都城と寺院と神社

こうした一方で、八世紀中盤には、東大寺を頂点とする国分寺体制が確立する。それは律令的な国家体制に即応した宗教システムであり、国家仏教として受容された大乗仏教を視覚化した、仏教ネットワークの創造であった。東大寺は国土をカンバスに描かれた曼荼羅《まんだら》の中心、太陽を象徴する大日《だいにち》＝毘盧遮那仏《びるしやなぶつ》の所在地であり、その縮小コピーである国分寺は、全国の「国」が「国家」の一部であり、縮小コピーであることとシンクロしたものであった。東大寺こそは、太陽信仰の中心が京にあることを象徴し、伊勢神宮の欠落、すなわち宗教的中心が京にないことを補うものであった。それは同時代のジャワ島に繁栄したシュリヴィジャヤ王国シャイレンドラ朝によって築かれた、世界最大の仏教寺院といわれるボロブドゥル遺跡と同様に、仏教によって中央集権体制を象徴するものであったといえる。

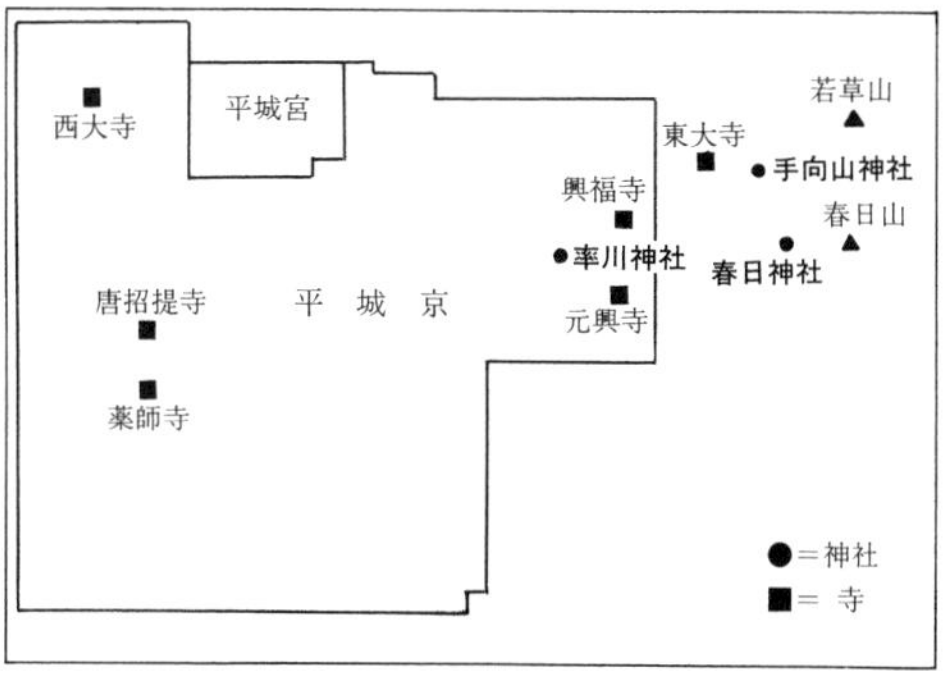

図11　平城京と神社位置図

しかし一方で、東大寺が、春日祭場として知られ、行基《ぎょうき》集団の修行の場であり、遣唐使派遣の祭祀が行われたという経緯のある京の東郊、若草山山麓を開発した外京に造営されたことも無視できない。東大寺は以前からの祭祀の場に創られた寺院なのであり、原型として神亀《じんき》五年（七二八）に建てられた金鐘山寺《きんしゅさんじ》があるように、山岳信仰的要素もその基礎には見られたのである。つまり東大寺の占地の前提には、国家仏教を受け入れる先行状況として、土着化した民間（個人）仏教と政策としての国家仏教の妥協があったことが無視できないのである。

図12　春日神社

そして、先述した祈年祭に代表される神祇ネットワークが全国的に浸透する時期は、延暦十七年（七九八）に国府が地域の有力社に班幣《はんぺい》を行い、官社化していくシステムが成立して以後と見られている（小倉慈司・一九九四）。こうしたシステムが、国分寺体制や条坊で形成された国府プランの定着などと関係していたことは否めないだろう。

神祇ネットワークの編成は、個別に存在していた名を持たない「カミ」を「神」という概念のもとに編成する作業で、「カミ」のオーソライズであり、高取正男によって「神道の成立」と規定された現象と同一のものだと考えられる（高取・一九七九）。祈年祭体制、あるいは官社制といわれるこのシステムは、漠然と発生してきた既成概念を、大乗仏教という体系的な新規思想に準じて編成していく政策であり、神祇の中央集権は、都城を中心とした仏教ネットワークと表裏一体の作業として行われたのである。

一方、その編成作業の中核となった平城京には注目すべき二つの神社ができた。一つは春日神社である。この神社はいうまでもなく藤原氏の氏神として成立し、興福寺と一体になって成長したものである。もともとは社を持たず、春日山麓の御蓋山《みかさやま》を西から拝む所に、社殿を置かない神地を置いていたが、八世紀後半、称徳《しょうとく》朝頃には外戚祭祀として公祭化したと考えられる（土橋・一九九七）。一方社伝には、鹿島香取《かしまかとり》社から、河内の枚岡《ひらおか》神社を経て春日の地へ、という移転伝承がある。すなわち春日神は、土地に根づいた神ではなく、奉斎氏族の都合である程度動く事が可能な神と考えられていたのである。古代における春日神の不思議さは、同体とされる鹿島・香取、枚岡、春日、そして山城《やましろ》遷都にともなって移された大原野《おおはらの》、さらに藤原山蔭《やまかげ》が移したとする吉田社に至るまで、同じ名前の神社になっていないことと、もとの場所に神社が残っており、しかも単なる残滓ではなく、かなりの有力社だということである。これは後世的な神勧請《かんじょう》の概念とは異なるもので、古代の春日神は、中世以降全国に発生する春日社とはまったく異なる意識のもとに動いてきた神である。春日社は京の東郊に隣接し、都市貴族藤原氏の

図13　手向山八幡社

祭祀所となる。

今一つは手向山《たむけやま》八幡社である。その起源とされるのが、東大寺造営における天平勝宝《てんぴょうしょうほう》元年（七四九）の宇佐《うさ》八幡の上京で、八世紀においては唯一ともいえる「神の京への移動」である。この移動の特徴は、本体を宇佐に残しつつ、その名前を継承したことにある。つまり八幡神はどこにいても八幡神なのである。これは先述の春日社の名前とはずいぶん違う。春日は「春日にいる」神だが、八幡は「八幡と名乗る」神なのである。この名の神なら、どこでもその名で「暮らせる」のである。つまり神勧請の原型は八幡に見られるのであり、それは日本古来の神のありかたとはやや異なる形で始まったのである。そしてこの場合は、東大寺の境内に収まるという形で、王権との親近性を強調することになった。つまりは王権と国家仏教に近付くことで、新しい神社が誕生したのである。先に述べたように、東大寺は、華厳経《けごんきょう》に基づき、宇宙の中心と規定された毘盧遮那仏を中心とした社会を地上に創ることを目的とした寺である。そして毘盧遮那仏は太陽である。ならば毘盧遮那仏は伊勢大神に通じるものであり、だからこそ「日神の子孫」と自称する聖武上皇や孝謙《こうけん》天皇はその前に跪《ひざまず》くことができたのである。ところが伊勢大神は東大寺の中に祀られることはなかった。その間隙《かんげき》に入ったのが八幡神だったということができる。伊勢大神は、伊勢に本体を残したまま京に移るための論理を持たなかったものと考えられる。

このように京の成立は新しい「神と人間のつきあい方」を開発した。それは逆に言えば、仏教という媒介を使わないと、既存の神観念と京という空間がいかに相容れなかったかを示唆しているのである。

「都の神」の成立

『斎王群行絵巻』（斎宮歴史博物館提供）

長岡、平安遷都と神社——新しい神の予兆

山城遷都の意味

延暦《えんりゃく》元年（七八二）七月二十五日、光仁《こうにん》天皇亡き後、飢饉《ききん》や疫病《えきびょう》が続き、新帝となった桓武《かんむ》は、自らの不徳として、大赦《たいしゃ》を行った。一方、二十九日には、右大臣藤原田麻呂《たまろ》以下の官僚層は、神祇官《じんぎかん》・陰陽寮《おんようりょう》の占いによると、光仁天皇の服喪《ふくも》のままで神事を行っているため吉凶が混乱し、伊勢大神以下の諸神社が祟《たた》って災異妖徴《さいいようちょう》を起こしているとして、早く平常に戻すように上奏をしている。この時点でも伊勢大神はやはり祟る神であった。しかし一方では服喪という儒教的概念が巧みに利用されている。そして注意すべきは、この一連の動きの中で、天皇の不徳によって飢饉が起きるという思想＝天人相関説が、服喪をつづけたい天皇の孝心＝徳のゆえに災異が起こっ

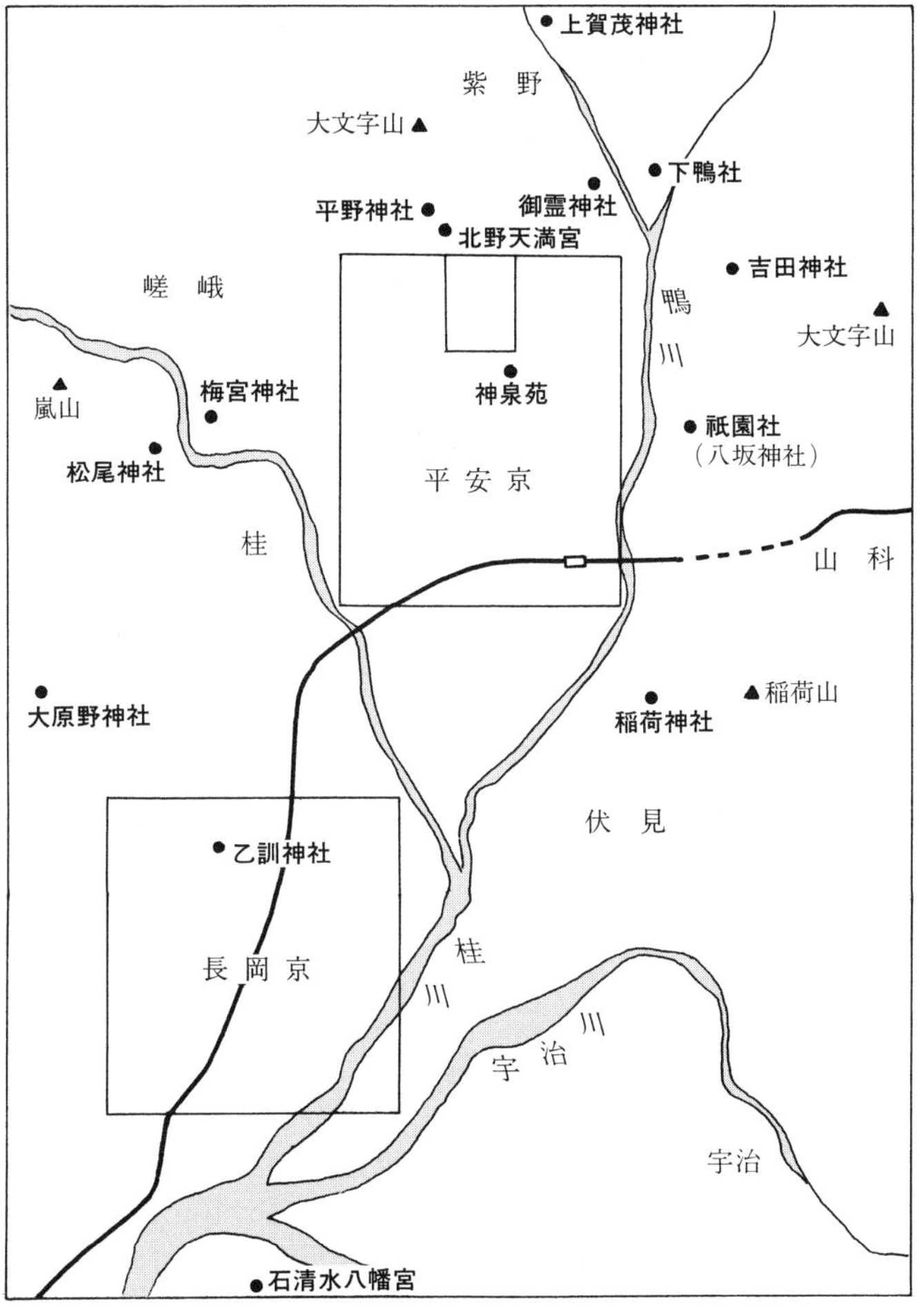

図14　平安京と神社位置図

たというねじれた論理にすり替えられていることである。この後、延暦への改元と翌年には百済王《くだらのこにきし》氏の発案による河内国交野《かわちのくにかたの》への行幸が行われ、三年六月には、桓武は長岡宮に遷り、賀茂上下神社、松尾・乙訓《おとくに》神社（現向日神社？）に遷都による贈位が行われた。そして四年十一月には、交野の柏原《かしはら》で中国の帝位継承祭祀を模して、天を祀る郊天上帝祭《こうてんじょうていさい》祀《し》が行われ、六年には上帝とは光仁であると宣言している。つまり、これらの動きからは、ともすれば祟る神の権威でも、客観的な天の評価でもなく、上帝となった光仁から桓武への継承こそが天皇の正統性の根拠であることが宣言されているのである。桓武は皇統、すなわち天皇の血統というものを初めて明瞭に意識した天皇だといわれるが、その意識は神祇への意識変化にも影響しているのである。すでに多くの指摘があるが、桓武は自らの母系に連なる渡来系の血統を生かしつつ、百済王を傘下に置くことで、天皇が卓越した地位に就く小中華的な国家を創り上げたとされる。さらに保立道久は、この時期に渡来系氏族を元祖神であるアメノミナカヌシの系譜に位置づけることで、「神祇」「神道」が「一つの世界観を内包する可能性をあたえられ」「光仁・桓武の時代に本格的に誕生した『万世一系』思想を確実に支えたのである」と指摘している（保立・二〇〇四）。

かくして、既成の神祇に対して一定の自由を獲得した桓武による長岡遷都は、卓越した天皇を護る祭祀領域という概念を律令国家の支配層に自覚させることに大きな意味があった。

大和盆地の一隅から発生し、そのまま勢力を拡大した律令国家にとって、ヤマトを地域名と国名と国家名に使って何の疑問も感じなかったことからもうかがえるように、首都圏的な境界概念は、いわば生得的なものとして、何の疑問も持たなかったのであろう。そのため、大和盆地における王権守護神は、大神《おおみわ》、大倭《おおやまと》、石上《いそのかみ》などに分散し、平城遷都の後も大神の眷属《けんぞく》とされる率川《いさかわ》社をのぞき、とくに移動させることはなかった。同じヤマトの中にある以上、そのことを強く考える必要はなかったのである。

ところが、大和から山背《やましろ》に京を移す段に至って、京の置かれた地域についての配慮はさらに慎重を期されるものとなった。延暦三年、長岡遷都にあたり、桓武天皇は賀茂・松尾・乙訓社を重視する姿勢を打ち出した。もちろん長岡京の周辺神社を指定したものである。ところがさらに注目すべきは、平安遷都にあたり、重視されたのは賀茂と松尾なのである（西村・二〇〇五）。ここに微妙な意識の違いが見られる。すなわち、長岡京は賀茂社のある京都盆地東側までを「お膝元」として視野に入れていたが、平安京は京に直近の地域しか視野に入れていなかった。すなわち、「京」と、京のある国という領域意識に関しては、長岡京は平城京に近く、平安京はより狭義の理解、すなわち、京を特化していく意識をより明確に打ち出しているのである。

このような意識の変化と、先述した京内の民間祭祀の禁制に見られる京の特化意識とは関係があるものと考えられる。それ自身が「特区」であった大和盆地の一部にすぎない平城京とは違い、平安京は山背、すなわち山の向こうの国から山城、すなわち山に囲まれた王城となった国で自己完結して浮揚する「首都」として成立するのである。

この浮揚する都市、平安京の周辺領域、それは祭祀と諸々の行事のための空間であった。比叡山・愛宕山《あたごやま》に代表される山々とそこに設けられた寺院、賀茂・松尾神社に代表される神社、そして大原野《おおはらの》、嵯峨野《さがの》、壬生野《みぶの》などに代表される天皇の狩猟を行う場としての「野」、さらに郊祀《こうし》のような特殊な祭祀を行う場、これらはいずれも京から一日行程の範囲内に、自然の場の中から選定され、その後に増加した各種祭祀・儀礼施設も、そうした領域内に造られることになった。こうした意識はすでに、奈良時代の春日・東大寺などにも見られたものではあったが、平安京はあたかもその外郭のように、こうした「京を支える空間」を形成していく。その結果、十世紀後半には、京の周辺は、寺社だらけになってしまうのである。そして京内は仏神に守られた清浄を保つべき空間と意識されるようになる。

こうした構造ができあがるにはもちろん多くの紆余曲折が見られた。神仏習合と御霊《ごりよう》信仰の成立はその代表的なものである。

八世紀、とくに中・後半頃になると、史料上に不思議なできごとが記録されるようになる。神が、神であることに悩みはじめるのである。

神宮寺の造営

その最古の例と考えられるのが、八世紀中頃、天平宝字年間《てんぴょうほうじ》（七五七―七六五）に編まれたと見られる藤原不比等《ふひと》の長男、武智麻呂《むちまろ》の伝記『武智麻呂伝』の霊亀《れいき》元年（七一五）の記述である。そこでは越前国気比《けひ》神社の神が、

「宿業」により神になって久しく、仏門に帰依することでこの苦しみから逃れたいと訴えている。気比神は、日本と朝鮮半島、あるいは渤海《ぼっかい》国など東北アジア地域との交易港であった敦賀《つるが》と深く関わる神である。

一方、三重県の北端にあり、伊勢・美濃・尾張の境界に見られた「あゆち潟」、すなわち、木曾三川の堆積作用でなくなってしまった古代の大きな入り江の西南岸に立地したと考えられる多度《たど》神社でも、よく似た事件が天平宝字七年（七六三）に起こっていたらしい。延暦七年（七八七）に編纂されたという奥書のある『伊勢国桑名郡多度神宮寺《じんぐうじ》伽藍縁起《がらんえんぎ》并《ならびに》資財帳《しざいちょう》』によると、多度神は人の口を借りて、

長い時間を経て、重い罪業をなし、神道の報いを受けている。この身を永く離れたいので、仏教に帰依したい。

と訴えている。

この他にも、常陸《ひたち》国の鹿島《かしま》神宮や、若狭国若狭彦《わかさひこ》大神、尾張国熱田《あつた》神社など、あちこちの地域の代表的な神が、神であることに苦しんで訴えてくる話が記録されている。そして、これらの神社には、神を解脱《げだつ》させ仏として祀る寺、神宮寺が併置されていくのである。

なぜ神は苦しむのだろう。通説的には、この神を仏とすること（神身離脱という）は、この時期にこれらの神を祀る地方豪族層が、奈良時代後期に国家的な事業として行われた大開発にともなう生産力の向上により生じた地域権力の変動に対して、仏教の力を借りて神の権威をより高めるために行った改革であると理解されている（河音・一九七六、義江彰夫・一九九六）。確かに神を変容させたのは、神を祀る者たちに強い動機付けがあったからだろう。しかしここでこだわりたいのは、神はなぜ悩むか、ということである。

まず、気比神社は、おそらく、敦賀の港の基になっているラグーン（潟湖）を外洋と切り離す砂堆、いわゆる気比の松原の造成作用を神のなせる技と考えたのがその奉斎の発祥だろう。とすれば、敦賀周辺の海で、嵐を起こしたり、船を沈めたりするのは、この神が怒っているためと理解された可能性がある。

また多度の場合は、あゆち潟（木曽三川の河口部）を行く海上交通と深いかかわりがあり、美濃から吹いてくる季節風と、それを利用したたたらによる製鉄などとの関係も指摘されている。ならばやはり強風や製鉄事故などの災害も神の示顕と理解されたことだろう。

熱田や若狭彦もまた、こうした交通の要所に祀られる、いわば先進地の神であった。

くりかえすが、六〜七世紀頃の神は荒ぶることでその存在を示すものであり、国家統制を受けるようになる八世紀でもその本質には大きな変化はなかった。つまり神とは、安定した生活と繁栄を保証するものでありながら、災害を起こして初めてその意志が認識される、という矛盾を持つものなのである。ということは、神が災害の根拠とされる以上、神は荒ぶりつづけなければならない。まして気比や多度のように、その地域全体に大きな影響力を持つ神ならなおさらその荒ぶる力は大きくなる。おそらく各地の有名神社が神であることに苦悩したのは、そうした神の本質的な属性と、影響力の大きさによるのである。

つまり神とは業が深いものなのである。そこで仏に救いを求める。因果応報《いんがおうほう》を説く仏教の広がりは、それまでどうしようもない神の属性、と見られていた荒ぶることに一定の説明を付け、神を解脱させるという新しい対症療法ともいうべき「理論」を見つけだしたのである。

しかしそれは、一定のルールが中央から強制された、というものではなかったらしい。こうして作られた神宮寺には、さまざまな形態があり、運営主体もさまざまで、もともとは経典を安置し、読むための空間であったという指摘もある（石津・二〇〇五）。そして何より、神が仏に解脱したいと言ったのに、こうした神社が廃止され、寺になったわけでは決してないのである。

あえていえば、初期の神宮寺の造営意図は必ずしも貫徹されたわけではない。神は仏になりきれなかったのであり、こうした「苦悩する神」は間もなく流行《はや》らなくなってしまう。しかしながら、神社と寺を一体として考える神宮寺は、平安時代にはきわめて普通の存在となっていく。その動機付けは大きく異なるとはいえ、神社は寺と離れられなくなっていくのである。

怨霊信仰の定着

長岡遷都の大きな目的の一つには、大和という土地と、そこに土着した豪族たちの影響力を排除し、王権の専制性を強めることがあった。八世紀の京は唐にならって平城、難波《なにわ》の複都制を採っていたが、平城京は「王侯のキャンプ地（王が恣意的に定めた土地に、従う貴族・官人層や、その生活を維持するための人びとが住わされてできる集落)」的なアジア都市の属性を脱却できないままに生活維持に限界を見せ、難波京は港湾・流通都市としての立地がすぐれていたにもかかわらず、貴族・官人層の本貫地《ほんがんち》である大和から遠いため首都としてはきわめて不人気で、副都の域を出なかったのである。

そして、すでに指摘されているように、長岡京は難波京の持つ港湾能力を吸収し、琵琶湖を介した日本海側との通行も意識しつつ、平城京の行政機能をも集約させることで、すでに難波で一部見られていた交通・行政・経済の機能の集約を目的としていた（山中・一九九七、二〇〇二）。すなわち、官人層が大和に土着しているかぎり「京」の整備はありえないことを意識し、切り離すことを意識した改革であったものと考えられる。しかしながら、この事業は、暗殺された藤原種継《たねつぐ》とその嫌疑を受けて憤死した早良《さわら》親王という二人の貴人の血に彩られることになる。そして怨霊《おんりょう》が発生する。

怨霊が集団的な強迫観念の所産であるならば、平城京の成立によりかつてない集住集落ができたことは怨霊発生の契機ともなったはずである。しかし、必ずしも八世紀前半には怨霊は跳梁跋扈《ちょうりょうばっこ》というほど活動していた形跡はない。せいぜいが、藤原広嗣《ひろつぐ》や長屋王《ながやおう》までである。しかも長屋王に関していえば、一方で敬虔な仏教信者の側面を見せながら、伝承では『日本霊異記《にほんりょういき》』の中に仏教を軽んじて滅亡し、怨霊となると記されている。すなわち、その実像と関わりなく、滅亡という歴史的事実から遡って怨霊説話が形成された節があり、八世紀前半に怨霊と意識されていたかどうか疑問がある。むしろ八世紀後半にその傾向は強くなり、御霊信仰として結実するのである。

怨霊と御霊

ただし怨霊と御霊は厳密に分けられねばならない。御霊信仰は貞観《じょうがん》五年（八六三）に神泉苑《しんせんえん》で行われた御霊会《ごりょうえ》を発端とするものであり、怨霊鎮護がそのまま御霊信仰につながったわけではない。たとえば光仁天皇の皇后井上《いのえ》内親王と皇太子の他戸《おさべ》親王は政治的な暗闘により皇后・皇太子の地位から排除され、謎の死を遂げたことによって怨霊と認識され、その当時は多くの祭祀が行われた。しかし貞観御霊会に見られる六所の御霊の一覧には入っていないのである。八世紀末期、怨霊はあくまで、非業《ひごう》の最後をとげた個人のものであり、個別対処的に祟りを鎮めるしか方法を持たない「謎の存在」でしかなかった。

そして怨霊は天災や感染症など、社会的な災害の原因として解釈されたものであり、その祟りは加害者にではなく、社会全体に対して発動した。その意味で、人口が集中し、情報的にも生活的にも多くの人びとが重なりあう都市は、社会的災害の温床でもあったわけ

図15　神　泉　苑

だから、当然祟りと理解される諸現象の坩堝《るつぼ》となっていったわけである。それが「祟り」が都市伝説的なものとして発生した要因であると考えられる。とすればそれは、都市と都市住民の一定の成熟を背景に成立したものと考えられる。

そして平城京を廃して長岡京・平安京に移ることは、聖武天皇が各地を彷徨し、平城京と恭仁《くに》・難波・紫香楽《しがらき》京などの京が共存していた段階の遷都とはまったくといってよいほど異なるのである。大和という巨大な後背地を持つ平城京に対し、長岡京は難波京と平城京の性格をあわせ持つ都市として、淀川上流の交通の要衝の平地に造られ、平安京もまたその延長といえる立地環境を選んだ。それは官人層の京と地域の二重属性を廃して、都市民として再編することを目的とした造都計画だった。とすれば、怨霊もまた、本来の意味での都市民が創られ、都市がある程度成熟するこの時期に特有の宗教的現象と定義づけることも可能なのである。

その中で、都市祭祀としての「御霊」が生じる。貞観御霊会の史料を見ると、仏教の力や歌舞音曲によって御霊会を開き、具体名を挙げられた崇道《すどう》天皇（早良親王）、伊予親王、藤原吉子《よしこ》、橘逸勢《たちばなのはやなり》、文室宮田麻呂《ふんやのみやたまろ》、藤原仲成の怨霊をはじめとした者たちを鎮めようとした、古代祭祀界の全力を賭したパフォーマンスであることがわかる。その中には、承和《じょうわ》十年（八四三）に謀反《むほん》の疑いで流罪《るざい》になった文室宮田麻呂のように、割合に小物でなぜそこにいるのかよく分からない者がある。一方、先述の井上内親王のように、入っていてもおかしくないのに入っていない者もいる。この人選についてはすでに多くの研究があり、「藤原北家発展のために失脚者になった者の合同慰霊祭」（宮崎・一九九二）、「王権膝下で政争敗死者の遺族や、王権の路線から排除・抑圧された貴族たち」が「王権を相対化する密教僧たちと連係して、その怨念を社会に潜在する王権支配への不満と結びつけ」た「反王権社会運動」（義江彰夫・一九九六）などの見解がある。しかし、留意すべきは、山崎雅稔の、彼らが平安京に関わる敗者であること（ゆえに平城京段階の井上内親王・他戸親王は入らない）と、個人を御霊とした御霊会はこの一回だけだということの二点の指摘である（山崎・一九九九）。このうち、井上母子が入っていない理由については、平安京以前に死んでいる崇道天皇が入っていることから見て、単純に同意はできない。しかし、山城国という枠で捉えるなら十分に理解できる見解である。

つまりは、京およびその周辺、という概念の中で御霊は理解されるもの、という意味で首肯できるのである。

また、第二の指摘は、貞観御霊会で、権力が明確に怨霊を定義し、「名前をつけた」という意味で重視すべきである。御霊信仰について留意すべきは、御霊がいわば「浄められ」た怨霊だったということである。それは、死霊に対する素朴な恐怖に基づくものではない。悪霊を祀ると強力な守護霊になる、という思想が一般化していたことに基づいているのである。しかし、それだけでもない。そのメンバーは権力の恣意によって選抜されたのである。さらにいえば、すべての階層から無数に発生したはずの、無数の怨霊からとくにセレクトされた者だけが「御霊」とされたのである。それはいわば、それまで破壊の象徴であったゴジラなどの怪獣と人間が提携し、宇宙怪獣キングギドラと戦ってもらって地球を守る、という六十年代中期の東宝怪獣映画『三大怪獣　地上最大の決戦』のような発想なのである。

その意味で御霊信仰とは、怨霊に脅えていたはずの権力が一定の自信を持って打ち出した論理だといえる。この自信の背景には何があったのか。義江彰夫は空海による真言宗の創始だと指摘する（義江彰夫・一九九六）。しかし御霊会を開催させたのは、真言宗ではなく伝統的な国家仏教、法相宗《ほっそうしゅう》の論理であり、おし進めたのが、神仏を一つの体系の中に取り込む論理である天台と、梵語《ぼんご》という呪文によって万能の力を得られる技術である真言密教なのである。御霊信仰はあくまで「既成のイデオロギーと新しい思想の結合で生み出された」ことに注意しておきたい。つまり、貞観御霊会は、都市住民におけるパニック意識の蔓延と新興仏教である天台・真言の伸張という宗教社会の地殻変動を、体制側が正面から受け止め、既成の仏教イデオロギーの枠内で怨霊に名を与え、守護霊に昇華する方法を示唆した、という所に意味があると思われるのである。

　御霊信仰は、八世紀以来の課題である怨霊への恐怖心に対し、仏教論理の研鑽を経た体制側が、九世紀中期の人びとにとって最も説得的な破邪の論理を提示したものともいいうるだろう。

伊勢斎宮と賀茂斎院――国家守護の変容

新しい「皇族」の創出

八世紀後半、聖武《しょうむ》天皇の皇女、井上内親王の夫として即位した光仁《こうにん》天皇は、天智天皇の孫にあたる。そのため、この即位を、天武天皇系から天智天皇系への王統転換と理解する傾向があるが、それは必ずしも正しくない。たとえば天武以降の天皇でも、持統《じとう》と、その子草壁《くさかべ》皇子の妻であった元明《げんめい》は天智の娘である。そして草壁と元明の子で、実質的な律令制下最初の天皇である文武《もんむ》は天武の孫であるとともに、持統を介して天智の曾孫であり、元明を介して孫になる、つまり天武系と見なされがちだが、天智とも深い関係にある天皇であった。そして光仁にしても、持統から見れば甥の一人となるわけであり、錯綜した族内婚から生じた皇位継承候補の一人だったわけである。

ところがその子である桓武《かんむ》の意識は、先述したようにやや異なる。渡来系の血を引く桓武は、当時渡来系氏族の頂点にいた亡命政権の長ともいえる百済王《くだらのこにきし》氏を重視するとともに、母方の高野氏の本系である秦氏を秦《しん》の始皇帝《しこうてい》と結び付けることにより、秦の始皇帝の子孫が百済王を配下にして日本に君臨する、という国際的な帝王イメージを現出したのである。桓武は律令法に本質的にともなう「帝国性」＝国際性を強化することで、「天皇」をより「皇帝」に近付けるイデオロギー的補強を試み、その上で中国的な郊天上帝祭祀《こうてんじょうていさいし》を行うことで、天智・天武系混交王権の衰退という事態から帝国の再生を図り、新しい王統の確立を図ったのである。

しかしそれだけで桓武王権はその正統性をかち得たのではない。桓武は一方で、王権にともなう母系性を否定し、天智系の父系血統を重視しつつ、自らに連なる族内婚の形成で、血の特化を行い、それを後世の範としようとしたと考えられる。すなわち、桓武は多くの女性を後宮に入れて膨大な子女を儲《もう》け、特定の皇子をその姉妹と結婚させた。彼らは、後の平城《へいぜい》・嵯峨《さが》・淳和《じゅんな》天皇となる皇子たちで、父母双系とも桓武系に連なる新しい王系を創ろうとしたのではないかと見られている（保立・二〇〇四）。なかでも平城には、聖武天皇の曾孫で、元斎王《さいおう》である朝原内親王（その母・祖母も元斎王である酒人・井上内親王）を娶《めと》らせており、男子が生まれても女子が生まれても、天皇・斎王のいずれかを桓武・聖武（すなわち天智・天武）の子孫が継承できるという体制を企図していたと考えられる。

こうして桓武は、血族的に新しい「皇族」を創り出そうとした一方、より目に見える改革も次々に実施していった。中でも造都と軍事、すなわち長岡京・平安京の造営と、東北地方への軍の派遣は、まさに国の中心と周縁の確定行為であり、「帝国」の版図を決定するものとして重視されたのである。

そしてこの時代の祭祀についても同様の改革が指摘できる。たとえば伊勢神宮の処遇がそうである。宝亀《ほうき》三年（七七二）に、伊勢のイザナギ・イザナミ神が祟《たたり》により官社となる、というできごとがあった。伊勢神宮の神格はアマテラスであることは自明のように思われるが、驚くべきことに、それまで伊勢ではその両親は公的には祀られていなかったのである。この改革はこれまで別格の神として崇敬されていた伊勢大神の神格を記紀神話の神の系譜の中に明確に位置づけ、伊勢神宮の律令国家の中でのポジションを明確にするという試みの始まりであった。そしてこの延長に、延暦《えんりやく》二十三年（八〇四）の『儀式帳』と呼ばれる資料（内宮《ないくう》の『皇太神宮儀式帳《こうたいじんぐうぎしきちょう》』と外宮《げくう》の『止由気宮儀式帳《とゆけぐうぎしきちょう》』）の提出と、斎宮におけ

図16　斎宮内院の発掘現場（斎宮歴史博物館提供）

る、東西一キロ、南北五〇〇メートルに及ぶ碁盤目状の区画、方格地割の造営がある（斎宮歴史博物館・二〇〇二）。これらは王権と伊勢神宮の関係を、文字化・視覚化する改革で、伊勢神宮の内部事情をすべて成文化させて中央で掌握するとともに、天皇と伊勢神宮との、他に類例のない関係を象徴する存在である斎王の宮殿をきわめて権威的なものとして、伊勢地域や国家全体に対する、桓武王権の威信材としたことに意義がある。つまり桓武王権は、伊勢神宮を権威付けるとともに、その首根っこを押さえてしまったのである。

　ところが、桓武の段階で規定された伊勢神宮と王権の関係は、必ずしも後世の範とはならない、否、次の時代にはすでに守られなくなってしまうのである。平城は、朝原内親王を後宮に入れながら寵さなかったと記録され、一方で妃の一人の母である藤原薬子《くすこ》と関係し、神祭りの世界では重要な罪とされた「母娘を姦する」、すなわち藤原薬子の娘と薬子本人を寵愛するという行為により、桓武の規範に露骨に背いたのである。そしてその弟たち、嵯峨・淳和もまた異母姉妹との間の子を後継者にしなかった。さらに皮肉なことに、後の範の原型となっていったのは、桓武を否定した兄弟の一人、嵯峨の方法であった。

嵯峨の時代に、平安京の東北である賀茂に立地する賀茂神社（上賀茂、下鴨社）に斎王、有智子《うちこ》内親王が着任した。もともと奈良時代以来、その祭祀がしばしば禁制の対象となっていた賀茂神社である。岡田精司が指摘しているように、山城《やましろ》において最も霊験あらたかな神とされていた（岡田精司・一九九七）。嵯峨はその神に対して、斎王を置いたのである。

平安京と賀茂斎院

この、賀茂斎院と通称される斎王の明確な成立理由は、『日本後《にほんこう》紀《き》』の散逸により不明とされることが多いが、それは正しくない。『日本書紀』『日本後紀』をふくむ『六国史《りっこくし》』を分類編集した『類聚国史《るいじゅうこくし》』の斎宮の項には『日本後紀』の伊勢神宮創始記事が引用されていながら、斎院の項には『日本後紀』の賀茂斎院創始記事が引用されていない。これは、本来『日本後紀』にそうした記事がなかったことを示唆している。すなわち、賀茂斎院制の創始は、平安時代の正史では秘されるべきものとされたのである。

このことは『続日本紀』の編纂段階で早良《さわら》親王に関する記述が削除・改変されたという事実を想起させるものである。賀茂斎院は、嵯峨が平城京に還都しようとする平城上皇との対立の克服を賀茂神社に祈願し、大同《だいどう》五年（八一〇）の平城上皇の乱（薬子の変）に勝利したことを記念して置いたと理解されることが多く、『扶桑略紀《ふそうりやつき》』など後世の史書もそのように記述している。それはおそらく正しいのであるが、平城と嵯峨との対立は、大和に帰るか山城に残るかという選択であるとともに、上皇が天皇と同等の権力を持つ存在とする律令国家の王権構造の問題や、嵯峨の皇太子に平城の子である高丘《たかおか》親王が指名されていたこと、すなわち兄弟相続から長男の後継者へと継受されるという継承方法の問題など、桓武の残したさまざまな課題が噴出した実に複雑なものであった。すなわち、桓武・平城・嵯峨と三代の政治方針の相違から必然的に生まれてきた対立であり、絶対に止揚されなければならない深刻なものだったのである。

そして、承和九年（八四二）の承和の変をへて完成された最終的な選択は、嵯峨の血統の天皇が王権を継承し、京は平安京を「万代宮」とし、皇后橘《たちばなの》嘉智子《かちこ》と藤原良房《よしふさ》に代表される北家藤原氏が天皇と相互補完しながら王権を構成していくという、桓武の方針でも平城のそれでもないものだった。その象徴として置かれたのが賀茂斎院なのである。

賀茂県主《かものあがたぬし》系図によると、賀茂神社の祭祀は賀茂県主一族の「刀自《とじ》」（筆頭女性）と考えられる賀茂祝子《はふり》が行っていたものと考えられる。この祝子と類似するが、まったく異なるものとして設置されたのが賀茂斎院である。賀茂斎院は、賀茂祭祀に関わる宣命の中では「アレヲトメ」と言われ、「アレオトコ」と対応するものとされていた。そして平安時代の賀茂祭の中では「アレオトコ」は近衛使のこととされていた。しかし本来、アレヲトメとは、賀茂の祭祀伝説に見られる「玉依《たまより》ヒメ」を指す。すなわち丹塗矢《にぬりのや》を拾って神と感応し、子神を生む乙女という役割を果たす者、つまり祝子の役どころなのである。

ところが平安時代の賀茂祭では、賀茂川で神迎えを行い、神社へと誘《いざな》う役割は、賀茂斎院の禊《みそぎ》と行列、という儀礼に反映されていた、と考えられる（三宅・二〇〇二）。一方、賀茂祭では、この宮廷祭祀の構成とは別に、御阿礼《みあれ》祭によって神迎えが行われ、走馬によって神山に帰るという儀礼も行われていた（岡田精司・二〇〇〇）。平安時代の賀茂の神の「アレ」（神が現れること）には二重構造が見られていたにもかかわらず、「玉依ヒメ」の神話に関わる部分は、賀茂斎院の王権に関わる祭祀の中に収斂されていくのである（義江明子・一九九六）。

そしてこの祭祀は、平安京に伴うものとして発展していく。すなわち正史の世界では、平安京の成立から賀茂祭の公祭化までの複雑な歴史は捨象され、賀茂神は平安遷都以来一貫して京の守護神だった、という歴史が創られ、本来賀茂氏の守護神にすぎず、奈良時代にはその祭祀が禁制の対象となっていた賀茂神社が、伊勢神宮と並ぶ国家的な神に位置づけられていくのである。賀茂祭こそ、嵯峨天皇の方針が、平安遷都の方針と一致するものであった、という「神話」の象徴であり、「平安王朝」、すなわち都市と権力が一致する王権の基本的なイデオロギーを表象する祭祀だったのである。それは、かつての大和盆地における倭大国魂神《やまとおおくにたま》=大倭《おおやまと》社のポジションを賀茂社が継承し、しかもそれを「京」という空間と結びつけるという形で特化したものであった。

伊勢神宮の政治的意味

一方、伊勢斎宮と伊勢神宮の位置づけも、この時期に微妙な変化を見せている。伊勢神宮に関して留意すべきことは、『弘仁式《こうにんしき》』に「伊勢太神宮式」が収録されたこと、この時期に「神宮忌詞《いみことば》」が形成されること、そして斎宮の方格地割（方格街区）とその運用のこと、酒人・朝原という母子二代の斎王が現れることなどである。

『弘仁伊勢太神宮式』は先の儀式帳を受けて、朝廷の側で作成した神宮の支配マニュアルである。この式の完成により、伊勢神宮は完全に国家の管轄下に入ったといえる。

また、伊勢神宮の忌詞は、「死」や「血」などケガレに関する言葉を言い換える内七言と、「仏」や「塔」など仏教に関する外七言からなる禁忌の言葉である。儀式帳を見るかぎり、最初はとくにケガレについての文言が形成されたものと考えられ、次第に仏教的なものに展開し、『延喜斎宮・太神宮式』に結実したものと考えられる。すでに伊勢神宮の神宮寺はすでに光仁朝頃から否定されつつあった。伊勢神宮はもっとも早く神仏習合が始まり、もっとも早くなくなった神社なのである。伊勢神宮がその神仏習合期に、たとえば神前読経《しんぜんどきょう》などが行われていたのかどうかは明らかではない。現存する儀式帳には神仏習合をうかがわせる記述はまったくなく、むしろ神仏分離の成果報告として提出を義務づけられたのではないか、と思わせるほどである。

しかし一方で、神前読経は儀式帳が編纂されたころにむしろ盛んになっていた。そうした時期に、いわば神仏習合から事前に分離しておくためのように、伊勢神宮からは仏教が遠ざけられていく。逆にいえば、伊勢神宮を別格にすることにより神仏習合が進展するという考え方も可能なのである。

一方、斎宮の位置づけもまた微妙に変化する。斎宮に方格地割が造成された時期、斎王は後に平城天皇妃となる朝原内親王であり、聖武の曾孫にあたっていた。すなわち、斎宮の方格地割は聖武系の斎王のために用意された可能性がある。そして桓武は朝原を平城に嫁がせることで、聖武系斎王、という意識を継承させようとしていたと考えられる。ところが先述のように朝原は平城とうまく行かず、桓武の目論みは水泡に帰すことになる。

一方、平安京ができた年の頃にわけもなく朝原と交代したのは、異母妹の布勢《ふせ》である。布勢は、伊勢国多気《たき》郡の大国《おおぐに》荘、摂津国豊島《てしま》郡の垂水《たるみ》荘などの荘園を賜与された大領主であり、桓武の王権の一翼を支える存在であった。その家政機関はおそらく、斎宮の事務組織である斎宮寮と重複しており、公権力を背景に伊勢神宮の神郡でもある多気郡に圧力を加えたのであろう。そして布勢と彼女につづく平城朝の斎王である大原は、母方が大中臣《おおなかとみ》氏と連なる斎王であり、桓武王権による神宮支配に、当時の政界で重きをなしていた大中臣清麻呂《きよまろ》が強く関与していたことをうかがわせる人選であった。このように、この時期の斎王の人選には、かなりの政治的配慮がなされていたものと考えられる（榎村・二〇〇四b）。

ところが、嵯峨朝になると、斎王をめぐる情勢は大幅な変化が生じる。嵯峨朝の斎王仁子《まさこ》は、その長い在任期間にもかかわらず、まったく事蹟を残さない斎王であり、こののち伊勢斎王は急速に没個性化していくのである。そして次の淳和体制、すなわち嵯峨が上皇として実質的に政界を主導していた時期には、斎宮は方格地割を離れて度会《わたらい》郡の離宮に移転する。これが伊勢神宮への圧迫であるとするならば、そこには、国家が直接支配する伊勢国・斎宮寮と、大中臣氏を介して支配する伊勢神宮の対立関係が見られたことになる。斎宮は伊勢神宮をその景観により威圧する「都市」ではなく、直接に圧迫する政争の道具とされたのである。しかしこの離宮の斎宮はわずか十五年で焼失し、再び多気郡に戻ることになる。斎宮は地域からの反撃により後退せざるを得なくなり、以後王権は次第に伊勢斎王を介した伊勢神宮支配の意義を軽視していくようになるのである。

都市型神社成立の意義――平野・松尾・園韓神

松尾神社

平安京における神祇祭祀は、賀茂社以外の所でも独自の展開を遂げはじめていた。その典型が平野・梅宮・松尾・園韓神《そのからかみ》などの神社である。これらの神社は、それぞれ独特の時代背景を負って生まれてきたものであり、その分析は社会のありかたを知る上でも重要な手がかりとなる。

まず松尾社は、その祭が国家祭祀として行われており、平安中〜後期に成立した『聖徳太子伝略』では「東の厳神、西の猛霊」と称されたように、京の西を鎮める神とみなされていた。しかしもとは賀茂や乙訓《おとくに》と同様、山城《やましろ》遷都によって重視されるようになったこの地域の神である。松尾祭の内容は、九世紀の宮廷儀礼の次第を詳細に記した『儀式』という文献に詳細に記されている。ところがそこに書かれているのは、勅使による奉幣儀式のみで、松尾独自の祭祀次第はまったく記録されていない（榎村・一九九八）。

このような祭祀の記録のスタンスは、宮廷祭祀の記録においてじつはかなり普遍的なものである。たとえば賀茂祭にしても『儀式』には祭祀自体の記述はほとんどなく、重点が置かれているのは、その行列の次第の記録である。あるいは伊勢神宮の場合でも、その根本的な国家法といえる『延喜式《えんぎしき》』の「伊勢太神宮式」には、祭祀次第は斎王や勅使に関わる部分しか記されていない。朝廷は個々の神社の独自の祭祀には踏み込んでいないのであり、伊勢神宮の場合、現在私たちが古代祭祀を知る事ができるのは、延暦年間に朝廷に提出された神宮儀式の総覧、『皇太神宮儀式帳《こうたいじんぐうぎしきちょう》』『止由気宮儀式帳《とゆけぐうぎしきちょう》』が残っているからなのである。

それでも、断片的な史料から、松尾社には一般的な神社とは異なる要素をうかがうことができる。たとえばいわゆる「神像」とされる木彫群の存在である。これらの神像はもともと神宮寺に置かれていたことが最近知られるようになり、単に神を彫刻として表わすことの創始の問題だけではなく、神仏習合の問題として考えるべき面も強調されつつある。そして、こうした神像については、類似したものが王城鎮護の陰陽道《おんみようどう》系の祭祀施設、大将軍神社でも見られること、さらに近年韓国で、女神像に似た石彫像が確認されていることなどの指摘がなされている。そして松尾社は、先進的知識で「常世神《とこよ》」を滅ぼした秦《はたの》河勝《かわかつ》の属した秦氏の氏神である。秦氏は渡来系氏族で技術者集団を率いており、松尾社における渡来系祭祀の影は否定できない。

くりかえすが、桓武天皇は渡来系氏族出身和《やまと》（高野）新笠《にいがさ》を母としており、当時としては天皇となるには決して優れた立場ではなかった。その欠点を克服するため、かえって渡来系要素を重視し、母系の元祖を秦の始皇帝《しんしこうてい》に求め、一方で百済《くだら》の亡命政権ともいえる百済王氏と強く結束し、郊天祭祀《こうてんさいし》なども行い、その国際性、すなわち小中華意識を強く打ちだす政策を取っている。京を守護する神社にこれまでにないタイプの神を容れることにも躊躇はなかったであろう。しかし、桓武が重視していた百済王氏の守護神がついに神社として確認できないのに対し、松尾社が山城盆地への遷都以来一貫して朝廷から特別視されていたことは興味深い。松尾社は渡来系だが土地神化が進んでいたのであろう。

園韓神社

そして渡来系といえば、「韓」の名を持つ園韓神社を忘れることはできない。これは平安京に先行して存在した神で、鎌倉時代初期に成立した説話集の『古事談《こじだん》』によると、平安京への遷都に際して、宮都を守る神になろうと託宣し、宮内省に祀られたという。つまり賀茂や松尾のような、山城遷都時から重視された神ではなく、自ら売り込んで平安京と結びついた神だということができる。この神社については、朝鮮半島系の王権祭祀に由来し、園が「ソウル」に通じる首都、韓神は文字通りの意味とも指摘されている（三品・一九七二）。ならば、単なる都宮の鎮守ではなく、国際的な王権として自己演出を行い、擬制的な朝鮮半島の支配者と喧伝した桓武天皇の権力の源泉に関わる神社ということになる。宮廷内に異国的な神を祀ることは異様にも映るが、桓武政権の特質を考慮すれば、自然に理解できる。しかし、なぜ百済王の神ではなく園韓神なのか。

園韓神社は宮廷にありながら屋敷神のような神ではなく、社として遇されていた。ところがこの社は、祝《はふり》・宮司・神主などのいない社で、特定の氏族と結びついていなかったらしい。その祭祀を主催していたのは物忌《ものいみ》と炊女《かしきめ》と呼ばれる女性であった。物忌とは、伊勢神宮と平野社くらいにしか見られない特殊な巫女《みこ》で、炊女もまた、他には平野神社くらいでしか確認できない特殊な巫女だったのである（榎村・一九九八）。そして炊女が奉仕することから見て、この神の祭祀の根本は竈神《かまどがみ》にあったものと考えられる。竈神は火の神であり、近年まで竈の神様は「荒神《こうじん》さん」と呼ばれるぐらい「荒ぶる神」、つまり危険な神であった。平安時代中期においても、貴族の邸宅では夫と妻がそれぞれの竈を持っていたことが繁田信一により指摘されており（繁田・二〇〇五）、また竈神はその主人の悪事を天帝に告げる、「三尸虫《さんしちゅう》」に似た性格もあるとされていた。つまり共同体ではなく、建物としての家、あるいはその主人である個人を意識した祭祀となるのである。その意味で園韓神祭は、宮内の祭と言いつつも、天皇「家」、あるいはその主人である天皇本体を守護する神の祭りと意識されていた可能性が高い。そしてこの祭について注意すべきことは、松尾や賀茂とは異なり、その祭祀次第が『儀式』に比較的詳細に残されていることである。その次第を見ていくと、「山人」という者が大きな役を務めていたことがわかる。簡単に言えば、山人が薪をもたらし、炊女が受け取り、竈を祀るというのがこの祭の本質であったらしい。とすればこの祭は「ある共同体が地域の周りにある自然の中に神を認め、それへの畏敬を祭という形で表現する」伝統的な祭祀とはいささか異なる。自然界を代表する山人、つまり異界からの使者は、宅の生活の基盤である竈＝火の原料である薪をもたらし、家の中で火を掌る炊女、すなわち主婦が家を代表して交流して連れ舞をする。これは竈を介して行われる家単位の祭祀が拡大されたものなのである。そして園韓神の場合には、炊女が自然界の精霊を宮廷の中に鎮めることが、天皇個人の守護になると思われていた可能性が高い。それが平安遷都によって宮廷に定着したとすれば、この祭は長岡京と平安京の性格の差を表わすものということもできるだろう。あるいはその差とは、早良《さわら》親王の霊に代表される怨霊の横行と関係するものかもしれない。ならば園韓神祭は、方向性こそ違え、御霊《ごりょう》信仰を生んだのと同じ社会変動の結果生まれた信仰と理解することができる。

平野神社

そして、園韓神祭とよく似た構造をしているのが、右京の郊外に成立した平野社の祭、平野祭である。平野社は、もともとは桓武天皇の母、高野新笠の出た渡来系氏族の和《やまと》氏に関わる神社で、その主神は今木《いまき》大神、つまり最近やってきた渡来系の神だったとする。平野社もまた「物忌」が奉斎する神社であり、公的な祭になってからは、「王氏」や平氏や源氏など、広義の天皇系の氏族の共同守護神と考えられていたものである。その祭神は、今木の他に、久度《くど》、古関などで「クド」とは「おくどさん」の「くど」だから、ここでもやはり渡来系の竈神祭祀をうかがうことができる。その意味でおもしろいのは平野社が「王氏」という擬制的な氏族の氏神だとしていることである。本来王とは、五世以内の天皇血縁者に対して与えられる称号であり、「王氏」という氏族は、皇族（臣下に降りた賜姓貴族も含む）から「天皇家」という核を抜いたドーナツのようなもので現実にはありえない。これは、天皇が「天皇氏＝皇族」から特化されたことにより、置いていかれた形の王たちに精神的な一体感を与えるための神社だということができる。そのため、天皇の分枝である源氏や平氏もその守護範囲に収めることができたのである。

平野社は、桓武系王統の精神的紐帯維持のために生まれた、この時代らしいきわめて特殊な神社であると考えられる。その内実は私宅祭祀が「氏」の神社へと発達したものであり、「家」型の祭祀を引きずっており、渡来系の色彩を色濃く残していた。というより、渡来系氏族出身者が多く、在来の氏族との通婚も普通に見られた当時の官人社会の感覚としては、私宅の祭祀に渡来系か和風か、の二者択一などという考え方はなかっただろうから、当然そうした要素は自然に残されていたであろう。

そしてこの祭についても、詳細な次第が残されており、やはり物忌を最上位に、炊女と山人が参加することが知られている。自然界のエネルギーを炊女が竈に鎮める竈神の祭祀は、氏の祭のかなり一般的な実態だった可能性がある。つまりは平野祭や園韓神祭は、伊勢・賀茂・松尾など、既成の氏（あるいは地域神）の祭祀の上に公的祭祀が乗った二重構造の祭祀とは違い、そのすべてが「天皇家」や「王氏」など「皇族＝天皇氏」の内部に関わる祭祀であったため、全体像が記録されたと考えられるのである（義江明子・一九八六a）。

梅宮神社

そしてやはり右京の郊外に位置する梅宮社もまた同様な神社である。梅宮は橘《たちばな》氏の氏神であり、仁明《にんみょう》天皇の母、橘嘉智子《かちこ》に由来すると考えられている。この祭祀の形態も平野とほぼ同じであり、もともとはやはり屋敷神的なものであったと考えられている。ところがこの祭祀には、物忌や炊女は見られず、すべて御神児《みかみこ》、すなわちミカンコ＝巫女という名で統一されるようになる。そこには本来の渡来系竈神の祭祀という本質が希薄になっている様子がうかがえるのである。そののち、九世紀中盤以降も、宇多天皇に連なる当宗《まさむね》氏の氏神、当宗神社の当宗祭のように、天皇の母系につらなる祭祀が公祭化し、それらの神社の格が上げられていく。しかしそれらは類型化し、大きな特徴を持つこともなく、次第に衰退していくのである。

家的な祭祀と国家

こうした九世紀前半に成立、あるいは注目を受けるようになった神社には、渡来系・竈祭・天皇個人の母系祭祀など、平城京段階では見られなかったさまざまな特徴がうかがえる。そして竈＝屋敷＝「家」と考えれば、これらの祭祀には、「渡来系」氏族を母系に持つ、桓武に始まる「天皇」「家」の存在との関係がうかがえるのである。

ところで興味深いのは、こうした家的な祭祀の析出は、支配層だけに見られる現象ではなかったことである。河音能平によると、九世紀後半には、弥生時代から存続してきた古代村落が最終的に解体し、村落らしい村落が姿を消し、共同体的祭祀として行われてきた農耕祭祀が「家の神祭り」として行われるようになる。そしてこうした祭祀は、御霊信仰や天神信仰と結びついて、新たなる村落祭祀へと展開していくという（河音・一九七六）。こうした視点に立てば、平野祭や梅宮祭のような家の祭祀から発生した新しい祭祀と、御霊信仰や天神信仰などの都市型祭祀とは実は密接に関係していたのであり、大きく九世紀的な祭祀として括れるものなのである。

二十二社制の形成——神社とは何であるか

九世紀になり、賀茂、松尾、園韓神《そのからかみ》、平野そして御霊《ごりょう》のような、天皇守護を行う新たな神が顕著になってくると、奈良時代に形成された、全神社が王権の前に「平等」に位置づけられる、という祭祀の建前は当然のように形骸化を始める。もちろん祈年祭体制を維持する努力は続けられており、祝《はふり》の上京をうながす官符が何度も出され、国司によって有力神社を編成し、班幣《はんぺい》を行わせる「国幣制」も定着していくのだが、一方で特定神社の優遇策も講じられるようになっていく。それが名神制度や神階制度などである。

平等でない神々

名神制度とは、有力な神社に「名神」という称号を与えて優遇するという制度で、桓武《かんむ》天皇の頃に、伝統的な有力社（大社）と、畿内の小社を官幣社《かんぺいしゃ》とする一方で、有力社を名神社として直接掌握したものとされる。これらの神社は国家のためにとくに祈請を行う神社と規定され、気象異変や流行病《はやりやまい》など、異常な事件があると臨時の奉幣などが行われたのである。しかしその数はせいぜい三〇〇座程度で、天安《てんあん》二年（八五八）を最後に、名神号を与えることはなくなる。

これに代わって盛んに行われるようになるのが、全国の主要神社に官人のように官位を与えるという「神階制」である。名神制が既成の有力社への優遇策だったのに対し、神階制は、既成・新興関係なく神をランク付けして編成していくものだった。おそらくその背景には、地域における伝統的な郡司などの支配勢力と、田堵《たと》などと呼ばれた新興開発領主層の対立を反映した、既成の神と新興の神の対立がある。

この問題は「公地公民制の崩壊」と教科書的に説明されてきたが、じつは正しくない。律令国家の成立基盤として、政府は既成の水稲農耕地を公田として班田収授を行うことで国民総生産を曲がりなりにも把握できるようになった。しかし本来、班田制すなわち既成の田を人びとに均等に配分する制度は、隋《ずい》や唐では墾田《こんでん》つまり新規開発田を国家的に把握する制度と対になって成立していたものである。そもそも既成の田と新開発の田の両方を管理できてはじめて国民総生産は掌握できるのであり、日本の律令国家はいわば片翼だけのエンジンで飛行を始めたジェット機のようなものだったといえるだろう。しかし人間に生活を向上させたいという意識がある以上、そして国家に再生産を保証する責任がある以上、新規農耕地の開発を違法とする体制が大きな社会問題を生み出すことは必至である。この事態に対応してようやく整備されたのが、これまでは土地公有制度の弛緩と考えられていた「三世一身《さんぜいっしん》の法（七二三年）」「墾田永世私財法《こんでんえいせいしざいほう》（七四三年）」であった。これらの法によって、新規墾田は届け出により私有が認可される、すなわち新規開発田のデータがすべて国家に集積され、ようやく国家は開発を本格的に奨励できるようになったのである。こうして律令国家は本当の意味で社会に対応した国家になりつつあったが、ここに大きな問題が生じてきた。すなわち、「新規開発は新しい開発守護神を生む」のである。先にも触れたが、正倉院《しょうそういん》などに伝来している「東大寺開田地図」と総称される八世紀の古代荘園図を見ると、開発の根原地、多くの場合は水源などに神の社が祀《まつ》られていた。春時、秋時の農耕祭祀が不可欠である以上、そして律令国家が、祈年祭という農耕開始の祭祀をそのイデオロギー支配の根幹としている以上、新規開発をした農地には、新しい農耕神の誕生が避けられない。そしてこれらの神はすでに律令国家と結びつき、班幣を受けていたような、それ以前から「いる」土地神との対立は避けられない。こうした事態に直面した律令国家は、いずれかに加担して対立に巻き込まれることを回避し、勝ち残った神を有力神と認定して、位を与えたのである。たとえば紀伊国の熊野早玉社《くまのはやたま》（新宮）と熊野坐社《くまのにます》（本宮）は、貞観《じょうがん》元年（八五九）正月に従五位下《じゅごいのげ》に列されている。すでに嘉祥《かしょう》四年（八五一）には、大社および名神は従五位下以上、という規定が出されており、この時にはかろうじて大社レベルに乗った、というところなのだが、同年五月にはいきなり従二位に格上げされており、おそらくその背景には、地域勢力としての熊野神社の勢力拡大がある。神階制はそうした動向に明確に反応できる制度だったのである。

さて、神階授位は、国司が政府に奏上して天皇の名のもとに行われる。つまり国司の権限が大きかったことになる。それは、神祇官《じんぎかん》の権限がさらに弱体化し、中央から地方へ、神社統制権が権限委任されたということを示唆している。神祇官の一元的な、つまり中央集権的な神社の統制体制が崩れることで、神社と国家の関係にはいろいろな変化が生じてくるのである。一国単位でみると、国ごとに新しい神社序列が生まれ、その頂点に立つ神社が、国衙《こくが》や神祇官ととくに強く連携するようになる。それは、平安時代後期に一宮《いちのみや》制として結実する、地域における神祇イデオロギー再編のはじまりであり、神社は一律に支配されなければならないものである、という律令神祇体制の建前からの解放でもあった（川原・一九八五）。

神に求められたもの

こうした「神社の個性重視」ともいうべき変化は、京の周辺の神社にも無縁ではなかった。いや、より顕著に顕われた、というべきだろう。この頃の京の周辺では、それまでの規制を超越した特異な神社が新たな信仰を集め出すようになっていた。それらは現世利益《げんせりえき》を武器に、貴庶の幅広い信仰を集めた、多く「宮寺《みやでら》」と呼ばれた神社である。先述した神宮寺の平安時代的な展開こそ、この宮寺であるといってよい。

神社が現世利益と関係するのは当たり前のように思えるが、厳密には正しくない。本来、神社の利益とは、それを維持する氏族や村落などの共同体に対するものであり、しかも安定した生産の保証や気候の安定など、いわばつつましいものであった。先述の常世神のような、一攫千金《いっかくせんきん》的な現世利益を売り物にしていた神もあるにはあったが、それらは多く一過性的な流行神《はやりがみ》であり、参詣するすべての貴庶に即物的な現世利益を保証する神社というものは存在しなかったし、信じられもしなかったのである。

ところが宮寺にはこうした現世利益を約束するものが多く、しかもその主張が広く受け入れられた。それは、これらの神社が社僧と呼ばれる僧侶集団によって運営されていたからである。社僧はほとんどが天台宗・真言宗の僧侶で、天台・真言僧は密教的な儀礼や山林修行などにより、呪術的な仏教力の持ち主、一種の魔法使いと見なされていた。つまり宮寺とは、マジカルな呪術的仏教の力で神と交感しそれを、より有効活用しようとした神社なのである。

先に少しふれた『日本霊異記《にほんりょういき》』は、平安時代初期に編纂された仏教説話集である。これを見ると、奈良時代から平安時代前期の仏教は、究極の目標である極楽往生《ごくらくおうじょう》より、心《しん》身安穏《しんあんのん》や財産獲得、因果応報《いんがおうほう》などの現世的な利益を重視していたことがよくわかる（鈴木・一九九四）。そして宮寺で祀られる神は、八世紀後半に流行《はや》った、神が神であることに苦しみ、仏に解脱《げだつ》したいと願う神ではなく、すでに仏教の体系の中に位置づけられており、いわば仏教の構成員、あるいは仏の一側面を強調したものだと認められていた（黒田俊雄・一九九四）。そうした神の前で経典を読む、つまり仏に祈ることは、仏の功徳《くどく》という名の現世利益が、より日常的な形で人びとに及ぶものだと考えられたのである。つまり万人に普く及ぶ仏の慈悲が、神という媒介者によってよりリーズナブルに振りまかれる、こういう考え方なら、土地も共同体も関係なく、人びとは神を礼拝できるのである。

そうした神社の典型例と考えられるのは、石清水《いわしみず》八幡宮である。

八幡信仰の高まり

石清水八幡は、もともとは京というより、山城盆地の南端にある男《おとこ》山《やま》を占拠した神社である。その対岸は長岡京の地で、南には桓武天皇が郊祀《こうし》と鷹狩を行った交野《かたの》（現・大阪府交野市）が広がる。そして奈良と関係の深い木《き》津《づ》川と、京・琵琶湖とつながる淀川の合流点の周辺を勢力下に置いた神社である。当初は対岸つまり長岡京側の大山崎離宮《おおやまざきりきゅう》八幡宮の地にあったと伝わることからもわかるように、京を中心とした水上交通体系と八幡神はおそらく密接に関係している。それは八幡神がもともと、瀬戸内海西部の海上交通の要衝、宇佐《うさ》に成立した神社であることと無縁ではあるまい。

図17　石清水八幡宮

そして八幡は、もともと母子神信仰に基づく神社であり、九世紀中頃には、その主神は神功《じんぐう》皇后と応神《おうじん》天皇に擬せられるようになっていた。その尊崇の背景には藤原明子《あきらけいこ》・清和《せいわ》天皇母子の存在があったものと見られる（小倉暎一・一九八三）。藤原明子は藤原良房《よしふさ》と嵯峨天皇の皇女、源潔姫《みなもとのきよひめ》の間の娘で、藤原氏でありながら天皇の孫という特異な存在であった。彼女は文徳天皇と結婚したが、先祖である聖武天皇の皇后になった藤原光明子《こうみようし》とは違い、皇后となったのは夫文徳の死後、息子の清和天皇即位の時で、天皇の母として立后されたのである。時に清和はまだ九歳であった。

一方、夫の文徳天皇は、仁明《にんみよう》天皇の子で、承和《じようわ》の変で皇太子恒貞《つねさだ》親王（淳和天皇皇子）を逐って立太子しており、嵯峨系天皇による直系継承を象徴する存在ではあったが、即位しても政務を取れない病弱さで、桓武天皇以来続いてきた政治能力のある成人男性、という資質には著しく欠けていた。つまりその存在意義は、嵯峨直系の正統性のみに求められていたのである。

そして、その子の清和は、文徳を介しても明子を介しても嵯峨の曾孫となり、嵯峨直系という正統性が一段と高められることになった。

このように文徳亡き後、藤原明子・清和母子は、その後見の藤原良房と一体となって権力を掌握したことになる。この形と過去の先例、とくに神話的世界において対応するのが、神功皇后・応神天皇・武内宿禰《たけのうちのすくね》のトリオであった。これこそ藤原良房が八幡信仰を重視した理由なのである。カリスマ嵯峨上皇亡き後、承和の変で実質的に政権を掌握した藤原良房にとって、明子を神功皇后に比定することは、藤原氏に連なる新しい皇后権威の象徴だったのである。この時期に八幡信仰が高まるのは、いわば王権の変質にともなう政治的要請によるものであった。

王権を支える神

一方同じ頃には、春日神社に斎王《さいおう》に倣《なら》って斎女《さいじょ》を置くという特異な現象が見られる。本来斎王とは、国家守護を祈念するために王権と深く関わる伊勢・賀茂両社に置かれたものであり、それゆえに皇族女性から選ばれたものである。ところが斎女は藤原氏から選ばれた。氏族祭祀を行う氏神に一族の女性を置くことはおそらく他にもあったであろう。しかし斎女は国家的事業として任命されるのなら、皇族でなければならないはずである。これは、藤原氏が国家的祭祀を行いうる存在であると認めた措置なのである。土橋誠によると、九世紀に記録された春日祭儀には、氏神的要素はほとんど見られず、貞観（八五九〜八七七）ごろに国家祭祀として著しく変容し、その背景には、藤原良房による政治的意図があったとされる（土橋・一九九七）。すでに春日神社は平安遷都により、その分社である大原野神社を平安京西郊外に置いていたが、斎女はこちらの祭祀にも奉仕するようになる。この時期には、神祇伯《じんぎはく》に藤原氏が就任するという珍しい人事も行われており、良房は個人ではなく、その氏族自体を王権の一環として位置づけていこうとしていたようである。

このような変化の背景には、王権それ自体の変質があった。九世紀の天皇の即位宣命《せんみょう》を見ると、「近江朝廷の天皇」つまり天智天皇の定めた法により即位するという文言がほとんど必ず顕われてくる。このような血統意識は、天武系といわれる奈良時代の王権には実は見られない。奈良時代の王権はもっとゆるやかな血統意識で支えられており、王族という横の血縁も大きな意味を持っていた。始祖から連なる男系直系を最優先とする意識は、たとえば神武天皇から欠氏八代など『日本書紀』の系譜意識にも理念としては見られるが、天皇・貴族を問わず奈良時代までは実態として機能していたとは思えない。そして氏というかなりの擬制を含んだ血族集団の長には、常に実力と実績が求められていた（仁藤敦史・二〇〇六）。

たとえば奈良時代の天皇の典型として認識されることの多い聖武《しょうむ》天皇は、天皇としての器ではないことを常に天に詫び、仏教者として生き、ついに出家した上皇として、「三宝乃奴《さんぼうのやっこ》」と公的に自称した（西山厚・二〇〇四）。天皇の資質は、天に判定され、その政治資質や指導力に問題がある時には天が諭しとして異変や怪異を起こす、いわゆる天人相関説を意識し、よりよい人間であることが、よりよい社会を作ることだと考えているのである。

ところが九世紀後半、清和天皇のような幼帝がしばしば見られるようになる。幼帝は個人的資質を問われる天皇ではない。先にも述べたが、清和の場合はその血統的正統性が即位の条件だったのである。清和は退位した後出家し、厳しい修行の末に若くして没する。聖武とは違い、自己の宗教者としての立場を追求するには、退位する必要があると考えられたのである。それはあくまで個人的な問題とされており、天皇の資質と宗教者としての努力は直接関係しなくなっていた。

このように九世紀の王権は、その正統性を、王としての資質ではなく、血統的純粋性に求めるようになる。すなわち政治権力や宗教権力が天皇個人に体現された奈良時代の王権（王権と律令天皇制が同義語といえる体制）に対し、その外枠は残しつつも、政権担当者・宗教的権力者・天皇の血縁者など多様な主体が交錯するようにして支配権力を形成し、天皇は王権の中心的な一部分として、血統的正統性を第一義にするものに変質していくのである。

こうした王権の「複雑化」により、王権が一つの神によって支えられる、という体制は完全に終わりを告げる。すでに伊勢と賀茂という二重守護神体制をとっていた朝廷は、皇后に関わる祭祀として春日・八幡をその中に取り込んでいくのである。

しかしこうした体制にも大きな試行錯誤があった。春日斎女もその一つである。たとえば、源潔姫に男子が生まれていたらどんなことが起こりえたか。嵯峨天皇の孫が摂政として、甥でやはり嵯峨天皇の子孫の清和天皇を支える体制ができていただろう。そうした状態で天皇家と藤原摂関家にそれぞれ斎王がいたら、天皇権力と摂関権力はより類似したものになり、場合によっては藤原良房の子孫から皇族に戻った天皇、などという例も出ていたかもしれない。しかし実際には春日斎女は二代しか続かず、春日祭は主に皇后に関わる祭祀と認識され、宮廷から内侍《ないし》が参加して行うことになっていく。春日社は斎女を廃する代わりに、天皇の母系祭祀として独自の地位を得ることになるのである。

こうした八幡や春日の地位は、摂関家、すなわち内覧の宣旨《せんじ》を得て、天皇に上げられる上表文《じょうひょうぶん》にあらかじめ目を通す権利を持ち、事実上天皇の代行者を務めるが、天皇の地位にはまったく興味も示さない、という特異な家の確立と同時平行に行われた祭祀体制の整備によって確定したのである。

平安京を守る神々

しかしこうした、神々が天皇を守る、という体制は八幡や春日だけに留まるものではなかった。九世紀後半になると、本来律令制下では伊勢神宮にのみ許された、卓越神の呼称であるべき「皇太神」と称される神社が急激に増加し、横井靖仁の研究によると、貞観年間に起った新羅《しらぎ》「賊船」の来襲を契機として、六国史の中だけで、じつに十七社が宣命の中で「皇太神」と呼びかけられているのである（横井・二〇〇二）。

平安時代後期に、仁和《にんな》の頃に仮託された文書「嵯峨隠君子算道命期勘文」なる文書が表れた（『玉葉《ぎょくよう》』治承四年八月四日条）。そこでは、平安京は「東に厳神（賀茂を謂《い》ふ）。西に猛霊（松尾を謂ふ）、南に開き北に塞《ふさ》ぎ……永代変異すべからざる」帝都であるとし、福原遷都に異を唱える資料とされた。このような平安京が有力神に守られた空間であるという意識は平安時代を通じて、明確に定着していったのである（京楽・一九九七）。

その一方で十世紀になると、石清水の眷属《けんぞく》に、きわめて現世利益的で、庶民を巻きこむ神が成立する（八馬・二〇〇五）。山科《やましな》に石清水八幡の若宮と称する宮寺が造られたのである。山科は現在でも東海道線と湖西線の分岐点で、平安時代から東海道・東山道・北陸道が合流する京の東郊外の交通の要衝であった。この優れた立地と八幡の神の名によってか、若宮は現世利益の神として貴庶の厚い崇敬を得た。ところがこれを不満とした石清水八幡は、この宮寺を破却し、仏像を男山に持ち去ったという。石清水は伊勢神宮のように私幣禁断を行っていたわけではなく、むしろ破却の原因は、山科の若宮に対する庶民の信仰の集積が、本家石清水の足下を揺るがすものとなっていたこと、要するに儲かる山科へのやっかみであったことを示唆している。王権の守護神がただそれだけでは維持していけなくなっていたことをうかがわせる出来事である。

このように、都人と京の周辺の神社の関係は、前代には見られない新しい関係、すなわち既成の共同体を超えた信仰の広がりが見られるようになってきた。

同様な立場の神社として、稲荷社が挙げられる。『山城国風土記逸文《やましろのくにふどきいつぶん》』にも見られるように、もともと稲荷は秦《はた》氏に関わる神で、その名のように農耕神であったために国家的な奉斎を受けるようになる。そして東寺《とうじ》と深く結びつくことで、真言宗のダキニ天信仰などの影響を受け、現世利益全般に強い神となっていく。そして十世紀にはその祭礼には、京の貴庶が徒歩で列をなして稲荷山を登るという情景が見られるようになっていた。『枕草子《まくらのそうし》』には宮廷の女房がひいひい言いながら徒歩で上る横を、一日に何度もお詣りしていく庶民の女が笑いさざめいて通っていくさまが記されており、稲荷社がレクリエーションを兼ねた祭祀スポットとなっていた様が余すところなく活写されている。

先述の御霊神社や、後述の二十二社に入る祇園《ぎおん》社なども含め、京の周辺に発生した新しい神社はその存立基盤に、京の庶民を置くことが不可避になっていくのである。

そして九世紀後半には、畿内を中心に、特定の神社に国家の重大事や天変地異などについての奉幣を行うことがはじまる。たとえば貞観元年（八五九）九月には、山城・大和・河内・摂津・和泉の五畿内四十四神に風雨災害がないように祈願をしており、同九年九月には、賀茂・松尾以下の山城・大和・摂津の十一社に五穀を祈っている。「とくに役に立つ神社」の選定の動きが強まっていることがわかる。

こうした祈願を受ける神社のメンバーが固定されてくるのは、十～十一世紀のことで、平安時代中期以降、天皇が個人的な祈願をする寺「御願寺《ごがんじ》」のように、特定の神社への祈願ばかりが行われるようになる。こうして成立した神社の一部リーグのような存在を二十二社という。その構成は次のようになっている。

伊勢・石清水・賀茂（上・下）・松尾・平野・稲荷・春日（以上、上七社）
大原野《おおはらの》・大神《おおみわ》・石上《いそのかみ》・大和・広瀬・龍田《たつた》・住吉（以上、中七社）
日吉・梅宮・吉田・広田・祇園・北野・丹生《にう》（川上）・貴布禰《きふね》（以上、下八社）

このうち、十六社は九世紀末期頃から固定されていたようで、そのメンバーは、上七社と中七社に丹生と貴布禰を加えたものである。その後の経緯は、吉田兼右《かねみぎ》（一五一六～七

三）撰『二十二社註式』によると、

正暦二年（九九一）六月以降、丹生の上に吉田・広田・北野を加えて十九社
同　五年（九九四）二月以降、吉田の上に梅宮を加えて二十社
長徳元年（九九五）二月以降、北野の上に祇園を加えて二十一社
長暦三年（一〇三九）八月以降、梅宮の上に日吉を加えて二十二社
永保元年（一〇八一）十一月、あらためて日吉を加えて二十二社

となっている。しかし、実態史料からは、まず十六社が固定され、次に広田、十世紀末から十一世紀初頭の一条朝に吉田・梅宮・北野・祇園が追加、院政期に日吉が加えられたという経緯が指摘されている。

いずれにしても、十一世紀の間には、天皇を守護する神社チームとして二十二社は固定され、その後中世を通じてこの体制は護持され、天皇権力が著しく衰退する室町時代後期まで、つまり中世を通じて、二十二社は有力神社のほぼ同義語として使われるようになるのである。

それでは、この二十二の神社は、どのような基準で選ばれたものなのだろうか。

二十二社の基準

まず、上七社は最も格式の高い神社で、伊勢と春日を除けば、いずれも都周辺の有力社である。中七社は山城の大原野と摂津の住吉を除くと、すべて大和の神社ばかりである。下七社は京周辺が五社、近江・大和・摂津が各一社となっている。

次に、官社でないもの、つまり成立の新しい神社を挙げると、上社の石清水と中社の大原野、そして吉田・祇園・北野の下社三社で、二十二社中五社となり、いずれも京周辺となる。

これらの事実から、

一、二十二社の中で、上社として重要視されたのは、平安京を守護する神々。

二、大和の伝統的な神々は中社とされ、京周辺の神々より下位。

三、京周辺の新興神社は下社。

四、伊勢は別格、日吉は延暦寺との関係で例外。

というように、二十二社の対象は原則として畿内の有力社であったという傾向が指摘できる。近接していても畿外であれば、近江の多賀社や紀伊の日前国懸《ひのくまくにかかす》社などの有力社でさえ入っていない。つまり二十二社とは、京と畿内の重要社を階層的に掌握したものということができそうだが、いくつか面白いことがある。

まず第一に、上社に春日社が、中社にその分社である大原野社、そして下社に吉田社が中・下社に入っていることである。これは藤原氏系神社の重視、すなわち天皇家の母系祭祀の重視と考えていいだろう。同じく上社の中には、皇太子や王家の守護神とされた平野社も入っている。つまり、上社とは、京周辺の有力社と天皇の血統にかかわる神を含む概念だったと考えられる。

第二に、二十二社には大和の伝統的な神がすべて取りこまれているわけではないことである。たとえば葛城鴨《かつらぎかも》や巻向《まきむく》、穴師《あなし》などの地域有力神は切り捨てられており、大和の神は王権によって設置された災害防止の社（広瀬・龍田）、王権の武器庫（石上）、守護神（三輪・大和）、水神（丹生）など、王権祭祀に関わる神社ばかりである。

第三に、石清水が入っていることである。石清水が入ったことは別の神社にも影響をしていると考えられる。具体的には、住吉と広田である。住吉は本来、外交に関わり、遣唐使の航海安全などを祈る神社であるから、遣唐使が廃止され、難波津《なにわづ》の地位も低下した九世紀以降には衰微しても不思議ではない。また、広田は、神功母子を守護した広田・生田・長田の西摂の三有力社の第一で、アマテラスの荒魂を祭ったとされ、新羅使が来た時に出す酒を造る神社であったが、平安時代になってとくに宮中で重要視されるような変化はうかがえない。この二社が二十二社に入ったのも、神功皇后の新羅征討伝説との関わりから、石清水と関係づけられたためと考えることができるように思う。摂津の場合、生国《いくくに》魂《たま》社・座摩《いかすり》社など宮廷儀礼に関わる神が平安時代に衰退した後、遣唐使の廃止により、それまでの外交の神であった住吉社が新羅排除、つまり外交拒絶の神として重視されていくのである。

以上のように見てくると、二十二社は、単なる有力社を集めただけの神社群とは言えないことがわかると思う。それは、天皇の住む京と、その根源地である大和を「面」として守り（賀茂・松尾・大和の諸社など）、天皇の義務である水や米の実りなどの生業の安定を保証し（稲荷・貴船・丹生川上など）、かつ、祖先（伊勢・石清水）、皇后（春日・大原野・吉田）、皇太子など皇族（平野・梅宮）、祖先（伊勢・石清水）、仏法（日吉）・外交（広田・住吉）など王権のいろいろな構成要素を守護する神社を選抜したものなのである。

「恐るべし」と「お見通し」

ところがこのような神社群は天皇を守るだけではなく、さまざまな祟《たたり》や怪異を起こしたことが記録されている。そのたびに天皇は「軒廊御《こんろうのみ》卜《うら》」すなわち、紫宸殿の回廊で行われる神祇官・陰陽寮《おんようりよう》による占いにもとづき、奉幣や神前読経《しんぜんどきょう》などを行って許しを乞うことを繰り返すようになる。すなわち、これらの神々は祟り神としての要素を持ちつづけるのである。これは一見、王権の弱体を曝《さら》け出すような儀礼であり、王権の守護神として矛盾した行為のように思える。しかしそれは反面で、さまざまな不可思議現象を、朝廷の管轄する神々の範疇の中で説明して人心の不安を終息させる、すなわち、不可思議事象を「祟」や「怪異」と認定し、その原因を探し出し、対処を行うことで平穏を取り戻す、といういわば超自然的機能を王権が独占する、というものであった。たいていの不可思議現象の原因があらかじめ決められた神社群の中に求められ、解決される、という「軒廊御卜」は、神祇イデオロギーの権威（恐るべし）を保ちつつ、その調停役としての朝廷の権威（お見通し）をも維持するもので、いわば二十二社体制に代表される、平安時代的な天皇と有力神社の関係を明確に顕したものだったのである。

神社と王権

道真怨霊による落雷（『北野天神縁起』）

怪異の収納場所としての神社

石上神社の場合―再解釈―

延暦《えんりゃく》二十三年（八〇四）の終わりごろから、桓武《かんむ》天皇は健康を害していたらしく、しばしば不予、つまり予断を許さない状態となるほどだった。朝廷の側では当然ながらその原因追及に躍起になり、飼っていた鷹や犬を自由にしたり、淡路島に葬られている崇道《すどう》天皇（早良《さわら》親王）のために寺を建てたり、天下の寺塔を修理したり、宮中や東宮坊《とうぐうぼう》で大般若経《だいはんにゃきょう》を読ませたりしている。興味深いのは、霊安寺に小倉を造り、稲、調綿《ちょうめん》、庸綿《ようめん》などを収めていることである。霊安寺は井上《いのえ》内親王と他戸《おさべ》親王の怨霊《おんりょう》を鎮めるために立てた寺である。つまりこの時、朝廷は原因を早良親王とも井上内親王母子とも絞りきれていなかったように思われる。さらに面白いのは、この不予の原因を「神霊之怨魂」としていることである。神霊となっても祟《たた》るものは祟ると認識されていたのである。

このように桓武天皇不予の原因さがしに朝廷が右往左往している様は、社会に不安の種を否応なくまき散らす。そして社会の側からリアクションが起ってきた。

平城松井坊、つまり廃都となった平城京の松井坊という所（京の条坊の名かとも思われるが、簡易な寺という意味の坊かもしれない）に新しい神があらわれ、一人の「女巫」に取り憑《つ》いたという。その神は「これは凡人のことではない。その主が聞かなければ問われても告げない」と言い、春日使として奈良に来ていた建部千継《たけべのちつぐ》という女官がこの話を聞いて問うたところ、「歴代の天皇が慇懃の志を以て収めてきた神宝を、わが庭を穢《けが》して運び出すことは不当である。そこで天下の諸神を語らって、桓武天皇の諱《いみな》を記録して天帝に贈ったのみである。」と答えた。これによって天皇が重態に陥ったという。

これより先、桓武天皇は山城への遷都の関連事業として、兵器類の保管庫でもあった石《いその》上《かみ》神宮が都から遠くなって非常時に役に立たなくなるため、その兵器を山城《やましろ》国葛野《かどの》郡に移転させていた。天皇不予はこの措置に怒った石上神宮の神の祟りだというのである。建部千継はこの一件を密奏し、天皇は神祇官《じんぎかん》や関係所司に詔して、千継を使にして捧げものを石上神宮に送り、かの巫女《みこ》を召して魂鎮《たましず》めを行わせた。ところが巫女は宵を通して忿怒《ふんぬ》し、前の託宣を繰り返し、夜明けになってようやく和解したという。そして勅により宿徳僧、つまり徳の高い僧六十九人を選び、石上神社で読経させ、また陳謝の詔を出して武器を返したのである。以上の嘘のような話は風聞ではなく、何と正史である『日本後紀』に記されている。この事件をどのように見るべきだろうか。

まず留意すべきは、女巫がいたのが平城旧京だったことである。先に見たように、これより少し前、宝亀《ほうき》十一年（八〇四）十二月十四日に「無知の百姓」が巫覡《ふげき》と結託して京中の街路で祭祀を行うことが禁制されている。京中での巫覡の活動はそれほどに社会現象化していたのである。そうした状況になっていた京が捨てられ、人が新京に移っていった跡になお女巫がいる姿は無惨であり、廃都に取り残された地霊のごとくに人びとの目に映ったことであろう。女巫の神がかりは平城京が生み出した新しい信仰形態が、主人に去られて暴走したものともいえる。

次には、この女巫が呼び出した神が、「新神」とされていることである。従前の考え方なら、この神は石上の神である経津主の荒魂、つまり神が活性化して意思表示したものだと考えられるはずなのであるが、ここでは新たな神とされたのである。すでにこの以前、石上の兵器移転については、石上神社にかかわる祭祀氏族である布瑠高庭《ふるたかにわ》という官人が、神社の神戸《かんべ》で鳴鏑《めいてき》の音がするなどの異変を報告していたにもかかわらず、朝廷から一蹴されていた。つまり従来の「神の示現」は無力だったのである。ここで現れた新神は、石上社の神と宣言しつつも、一方で桓武天皇の諱を録して天帝に上申したという。つまりこの神は、「天皇の生命さえも司る天帝」配下の神であり、天によって罪科を認められたら天皇でも命を縮める、という意識に沿って活動しているのである。この託宣の背景にあるのは、素朴ながらも天命思想で、在来の神観念では図りきれないものである。それは渡来系氏族の思惟や呪術に基づく知識であり、桓武天皇が権威の確立のために依存していたものでもあった。

とすれば「天帝」一件は、この事件の記録者の創作や択語ではなく、桓武王権のプロパガンダ＝情報宣伝の決め手になった「郊祀《こうし》」、つまり天によって認められた桓武天皇、というイベントを逆手に取った、民衆からの桓武天皇へのアンチテーゼといえるのかもしれない。都市に活動する巫覡や『日本霊異記《にほんりょういき》』に語られるような修行僧は、都市住民のニーズに応え、禍福＝現実の運命を予見し、それを左右する方法を説くために、一種のミニコミとして支配者の動静や配信される情報に敏感でなければならない。律令国家百年の歴史の中で、天皇が自らを「神」にたとえ、仏の加護を強調し、さらに天の指名を説くなどといった正統性のキャンペーンを繰り返すのを、最もシニカルに見ていたのはおそらく彼らなのである。そして彼らは、ちょうど政治評論家のように都市民衆に政治と生活の因果関係を説いていく。たとえば長屋王《ながやおう》や藤原仲麻呂《なかまろ》（恵美押勝《えみおしかつ》）、光仁《こうにん》天皇のように、不思議な噂《うわさ》のまとわりつく人物は少なくない。それらはこの一世紀の間に都市に形成されてきた、こうした裏マスコミから生み出されてきた情報なのだろう。

つまり、この事件は、最新知識として権力の側から発信された「天」という情報が、真っ先に受信する層だった都市生活者の側に蓄積され、裏マスコミの中で新しい解釈を生み出し、ついに一人の女巫を媒介に「意思を持つ概念」となり、都市生活者に代わって遷都を批判するツールになったことを示している。ゆえに、この神は「新た」なのである。

こうした事態に立ち至った権力の側は、より説得的な説明責任を施し、事態を沈静させなければならなかった。おそらくそのために持ち出されてきたのが神前読経《しんぜんどきょう》なのであり、これにより「新神」は石上神社に御魂鎮め、つまり「収納」されることになったのである。つまり朝廷は、既成の神が既成の枠を超え新神に転生する、という情報によって、民衆の側から行われた権力批判に対し、仏教を利用することで既成の神社の受け皿を拡げ新たな対応策を創出した。つまり既成の神社をバージョンアップすることで、解決の手段を見いだしたのである。

すでに見てきたように、この時期には神が神であることに苦しみ、仏になることを求める「神身離脱」譚がしばしば見られるが、この石上の事件はそれとは異なるものである。しかし、市井の巫女が神の言葉を告げたことや、それに対して神前読経が行われたことが記録されるのは、これまでの国史には例がなく、たとえそれ以前によく似たことがあったとしても、朝廷の側で記録すべき新しい事態と認識されたことは疑いない。

これは「暴走する神を神社に収納した事件」なのである。

すでに繰り返し述べてきたように、古代の神は、必ずしも神社に祀られるものではなかった。神社とは、霊験のある神祭りの場に対して認定される称号のようなものだったといえる。しかし九世紀になると、このように、神を神社に収納するような事件がしばしば見られるようになる。

上津嶋の「神宮」―天災―

たとえば、『続日本後紀《しよくにほんこうき》』の承和《じようわ》七年（八四〇）九月二十三日条には、伊豆国から報告された不思議な事件が記されている。その事件は、賀茂郡の造作嶋、本名を上津嶋《こうづしま》という島でおこったという。この島には三嶋大社の后神の阿波神と、御子神の物忌奈乃神命《ものいみなのかみのみこと》が坐していたのだが、そこに突然「神宮四院」が出現したのである。その規模は「石室二間、屋二間、閣室十三基」からなるというから壮大なものである。上津嶋の周囲の海は二千町ばかりも陸地や砂浜になり、嶋の東北の角にこの「新造神院」ができた。しかもその中には、高さ五百丈で、周囲八百丈もある岡があったというのである。報告ではこの後に延々と「新造」の施設の概要が述べられる。そして、阿波神は三嶋大社の本后であるにもかかわらず、後后のみが冠位を受けて、自分にいまだその気配もないことから、この怪異を起こしてその要求を伝えたのだという。

すでにお気づきと思うが、どうやらこれは、海底火山の噴出による自然災害の報告らしい。つまり、この事件は、自然災害の説明と、その対処の手段として神階授位が行われたという記録なのである。一見すると無知蒙昧な民衆の騒ぎのようにも思えるが、実際には原因不明の事態について、神の意思表示として説明し、対処方法を明示することでパニックを収めたものだと理解できる。ここでは最初に神の言葉を伝えた主体は明らかではないが、むしろそれを権力の側が説明の素材として活用できたということに注意したい。その背景には神階を授与することによって神の欲求に答えられる、という権力側と民衆双方の認識が色濃く見られる（岡田荘司・二〇〇二）。おそらく律令制以前から、災害は多くの場合神の意志の発露として理解されたのだが、それを取り静める方法は必ずしも一定ではなかった。ところがこの事件では、異常事態を権力の側に収納する手段として神階授与がその機能を発揮したものと理解できる、つまり神とは、神階を求めていろいろな活動を求めるものと理解されるようになっていたのである。意味不明の活動をする「新しい神」と人間社会の仲立ちをするもの、それが神階だったのである。

志多良神の神輿
―危機管理―

天慶《てんぎよう》八年（九四五）七月、摂津国から「志多良神《しだら》」が上京する、いや、しようとした事件が起こった。割合に有名な事件だが、これが『本朝世紀《ほんちようせいき》』という部分的にしか残っていない史書に記録されていることはあまり知られていないだろう。

もともとこの頃、京洛の間、つまり京内では東西の国より神々が入京してくるという噂が流れていた。その神の名は「志多羅神」とも「小藺笠神《こいがさ》」とも「八面神」とも言われたという。「したら」とは手拍子のこととも、ビンザサラをならす様ともいわれる。ビンザサラとは、かまぼこ板状の板を何枚も連ねてつなぎ合わせたカスタネットのお化けのようなもので、振るとジャラジャラ音がなる、田楽《でんがく》でよく使われた楽器である。いずれにしても、一定のリズムでならされる音とともに現れる神、という意味だろう。「藺」はイグサで、藺草は笠の原材料の一つだったらしいから、むしろ笠をかぶるという神、あるいは鬼の属性を持ったモノ、という意味だろう。八面神については、やはり恐ろしげな神という所か。『日本書紀』仁徳紀《にんとくき》には飛驒《ひだ》国の両面宿儺《りょうめんすくな》という怪首長が登場し、朝廷によって滅ぼされているが、顔が多い、というのは普通の穏やかな神ではないだろう。

これらの神には統一性がない、つまり、個々にささやかれていた不穏な噂であり、もともと一つ一つはとりとめもないものだったのだろう。よく似た噂は『徒然草』にも見られるし、近年に流行った、かの「口裂け女」や「人面犬」のように、自然消滅していく噂、都市伝説のたぐいであった。

ところが七月二十八日付けで摂津国司から送られた解文《げぶみ》には、とんでもないことが書かれていた。

摂津国豊嶋《としま》郡からの報告で、志多良神と号する輿《こし》が三体、数百人の人びとに担がれて今月二十五日に河辺郡の方からやってきた。幣《ぬさ》を捧げて鼓を打ち、列をなして歌舞しながら当郡にやってきた者は、僧俗・男女・身分の高下・老少関係なかった。この一団は朝から翌日の晩方まで市をなすように集まり、山を動かすような歌舞をして、二十六日の辰時《たつのとき》頃にその大騒ぎとともに、嶋下《しましも》郡に出発していった。その神輿《しんよ》の第一は檜皮《ひわだ》で葺《ふ》かれ、鳥居が付いていて、文江自在天神《ぶんこうじざいてんじん》と称していた。他の二基は檜の葉で葺かれていた。
噂だけだった神が現実に現れたのである。そして嶋下郡に向かったということは、淀川右岸沿いに京に向かったことになる。

しかし、八月三日、石清水八幡宮らの言上では大きく内容が変わっていた。この神輿の第一は「宇佐宮八幡大菩薩《はちまんだいぼさつ》御社」になっていた。そして他に五社の名のわからない神輿があったという。この神輿の一群は、山崎郷から数千とも数万ともつかない人びととやってきた。その中に山崎郷の郷刀禰《ごうとね》（郷の中の、官位を持つ程度の有力者）がいたので、尋ねてみると、七月二十九日の酉刻頃《とりのこく》に嶋上郡からこの大群衆がやってきて、恐々としていたら、同日の亥刻頃《いのこく》に、ある女に託宣が下り、「吾は石清水《いわしみず》に早く行きたい」とのことだったのでここにやってきた、という。

そして群衆は、このように歌っていた。

月は笠着る　八幡は種蒔《ま》く　いざや我らは荒田《あらた》開かむ
志多良打てと　神は宣《のた》まふ　打つ我らが　命千歳
志多良米　早河は　酒盛らば　その酒　富める始めぞ
志多良打てば　牛はわききぬ　鞍《くら》うち敷き　佐米負《さめお》はせむ

〔反歌〕
朝より　蔭は蔭れど　雨やは降る　佐米こそ降る
富は揺すみきぬ　富は鎖懸け　揺すみきぬ　宅儲《もう》けよ　煙儲けよ
さて我らは　千年栄へて

河音能平は「これらの歌謡は、古代律令制支配の重圧をはねのけ、今や農業生産の先頭に立っていた富豪層（大名田堵《だいみようたと》）が「いざ我らは　荒田開かん」と力強く歌っているように、自分たちの当面する課題に取り組む意欲と自信をたたえ、新しい豊かな農村生活への確信をうたいあげたものであった」とする（河音・一九七六）。

たしかにこの歌は開発賛歌であり、このパレードは新しい生産主体となろうとした人びとによる「世直し」的なデモンストレーションだったのだろう。しかし、同時代の醍醐《だいご》天皇の皇子、重明《しげあきら》親王が記した日記『吏部王記《りほうおうき》』では、この神輿は、第一が「故右大臣菅《かん》公《こう》（菅原道真《すがわらのみちざね》）霊」で、第二が「宇佐春王三子」、第三が「住吉神」として山陽道を上洛してきたという。いずれもが新たな神ではなく、この時代を代表する流行神《はやりがみ》であった。すなわち、天神《てんじん》と八幡、そして八幡とされた応神《おうじん》天皇・神功《じんぐう》皇后と深く関わる住吉で、しかもこれらの神は瀬戸内海とも深く関わっている、西国ゆかりの神であった。本書の興味に即して言えば、一見まったく新しい神のようにみえる西から来た不思議な神なのだが、すでに「西からやってくる流行神」という既成の常識の枠の中で説明されていることに注意したいのである。

そしてこの神は結局、石清水八幡の志多良社として落ち着く。河音をはじめ多くの先行研究は、自在天神が「宇佐八幡大菩薩社」に変えられていたのは「権力側の政治的策謀によるものであろう」とする。おそらくその通りであろう。しかし、デマによって狂奔した人びとが、第二のデマである「石清水へ行きたい」の託宣によって落着してしまったことは、権力によるすり替え、というだけですまない問題があると思う。この事件の最大の特徴は、開発の著しい進行によって蓄積されたエネルギーが宗教的狂奔となって爆発したが、その行動が、天神や八幡などの既成の枠内の神によって説明され、最終的に安全着陸してしまったことにある。つまり京を守る神社の中に、新しい神の動きは吸収されてしまったのである。ここには、神社というものが持つ機能の発展を見ることができる。石清水八幡宮には、新しい民衆エネルギーの発動に対して、権力の側が設定した吸引装置の機能が期待されるようになっていたようである。

それはまぎれもなく、「文明と自然」の境界で自然神を祀る施設であったり、集落の境界の辻で防疫《ぼうえき》のために祭られる施設であったりした神社の機能をバージョンアップさせて成立した、「新たな神社」であった。同様の性格は、おそらく稲荷社、祇園社など、この時期に強力化していく神々にも求められよう。それらは京と外部の境界にあって、京に新たな「世を乱す神」が入るのを防ぐとともに、その霊験を吸引し、京の人びとが親しむ、近隣の「聖地」的なスポットに落ち着けるための「政治的施設」であったといえる。

北野天満宮―国家守護神へ―

北野天満宮は、天徳《てんとく》三年（九五九）に右大臣藤原師輔《もろすけ》が社殿や神宝を寄進したのが、その完成だと考えてよい。祭神である菅原道真が没したのが延暦三年（九〇三）なので、その間に五十六年が経過している。道真の事件は、実質的な造営者である師輔（九〇八―九六〇）さえ生まれる前のできごとだった。

つまり天神信仰とは、五十年もの間に忘れられることもなく語り継がれ、ついにモニュメントを作り出した信仰だったといえる。ならば当然、その間に増幅、膨張し、変形してきたと容易に想定できる。実際に、道真が死んだ時と天満宮ができた時では、この信仰はまったく異なったものになっていたのである。

天神信仰は大きく二つの潮流に分かれる、と私は思う。一つは『日本紀略』などに記される、貴族社会を震撼させた道真の怨霊に関わる潮流である。このピークは、延長《えんちょう》元年（九二三）の皇太子保明《やすあきら》親王の死と、道真の復官、贈位、左遷宣命の破棄などである。当時の略史である『日本紀略』には、この後に道真の祟は明確には現れてこない。藤原時平《ときひら》が死んだ時にも、延長八年（九三〇）六月二十六日に内裏《だいり》に落雷し、大納言藤原清貫《きよつら》、右中弁平希世《たいらのまれよ》らが死傷した時にも、道真の名は記されていない。落雷の時には、愛宕山《あたごやま》から黒雲が急に出た、と怪異を思わせる記述が見られ、しかも間もなく醍醐天皇が亡くなるのにもかかわらず、道真の関与は語られないのである。『日本紀略』に北野天満宮が出てくる初めての事例は、さらに下って天延《てんえん》元年（九七三）三月十三日の「天満天神北野宮御在《ござい》所《しょ》と礼殿が焼亡した」という記事まで待たねばならない。

今一つは、民衆の間の天神信仰の潮流である。天慶八年（九四五）の「志多良神」の神輿に「文江自在天神」と書かれた紙が貼られていたことは前述した。ここでは天神が反体制的な神に冠せられる名となっている。そして『天神記』『北野天神縁起』などの北野社側の史料は、北野天満宮の直

図18　北野天満宮

接の創始を、天慶五年の、西京七条二坊に住む多治比綾子《たじひあやこ》（文子、奇子とも）という一女性への託宣による社の創始と、同九年の近江国比良宮《ひら》の禰宜《ねぎ》、神良種《みわよしたね》の子、太郎丸への託宣による北野への移転に求めている。つまり、北野天神信仰とは、京の町中で発生した信仰だという立場をとっているのである。

ここで注目しておきたいのは、京の一角に住む女性が託宣を受けて、新しい神を祀りはじめる、というのが、先述の石上の例とよく似ていることである。西京の七条二坊といえば、はやくから寂《さび》れたといわれる西京でもかなり南の方、つまり端の方だといえる。近年、西京はそれほど寂れていなかったという指摘もあるが、七条あたりが「京内の辺境」だったことは疑いないだろう。寂れた都の片隅に、神がかりした女がいた、というのはやはりおどろおどろしい。しかも、その女性は、マムシの別名ともいわれる多治比の姓と「文江」に通じ「あや」の語感を持つ「綾子」「奇子」「文子」の名を持つというからますますである。石上の新しい神とよく似た都市祭祀がここで生まれようとしていたと考えていいだろう。

しかし文子の祀った神は石上の新しい神のように天皇に祟ることはなく、専門の神職である神良種によって、巫女から童子に移されて、京の外に遷座していくのである。

そして、平将門《まさかど》の天慶の乱の鎮圧後、さほど間なく書かれたという『将門記《しょうもんき》』では、将門の乱のさなか、天慶二年に、ある昌伎《かむなぎ》（遊び女？）が、八幡大菩薩の託宣として、将門を新皇《しんのう》として、その位記は菅原道真が起草すると宣言したとしている。『将門記』は、当然京のそれなりの知識人によって書かれたものだろうから、少なくとも貴族・官人層に属する『将門記』の書き手と、読み手と想定されたであろう京の貴族・官人層にとって、反逆者に正統性を与える神として、菅原道真が出てくるのは常識の範囲内だったことがわかる。

これらの事例は、朝廷における菅原道真への処遇とは別に、勢力のある祟り神としての菅原道真というイメージが、社会に形成されてきていたことを示している。

こうした二つの潮流が混じり合ったところに成立するのが『道賢上人冥土記《どうけんしょうにんめいどき》』である。これは十二世紀中葉に成立した私撰史書の『扶桑略記《ふそうりゃっき》』が天慶四年三月条に引用する史料で、後の日蔵《にちぞう》上人こと道賢が修行中に急逝し、冥界で大政威徳天《たいせいいとくてん》となった「菅相府《かんしょうふ》」（道真）に逢い、藤原清貫・平希世らの雷死がその眷属《けんぞく》によるものだったことを教えられ、地獄で業火《ごうか》に焼かれる醍醐天皇とその臣下を見たというもので、またしても天慶期である。

ここで面白いのは、道賢が大政威徳天に「私の国では上下を問わず火雷天神と称して世尊のように尊重しているのに、貴方はなぜ怨心を持つのか」と問うていることと、「天神が怨恨により天皇に罰を与えている」としていることである。世尊、つまり釈迦のように尊崇されている神なのに、怨恨により天皇に罰を加えている。すなわち、石上の武器庫移転事件と同様に、天の神が天皇に罰を与えているのである。道真は大政威徳天となっても怨恨によって成仏できていない。それは暗に、より高い格付けを要求していることであり、そこには業に苦しむ神が仏になることを希望する神身離脱と似た意識が見られる。また、太政威徳天が密教の五大明王の一人である大威徳明王《だいいとくみようおう》を思わせる名であることや、大威徳明王が別名「降閻魔尊《こうえんまそん》」ともいい、冥界と関係が深いこと、そして道賢が幻視した場所が金峯山《きんぷせん》で、蔵王菩薩《ざおうぼさつ》が誘引したことなどは、この「噂」の背景に真言宗系の情報ネットワークがあったことをうかがわせる。

つまりこの「噂話」は、民間に深く浸透していた苦悩する神の「常識」と、真言密教の論理を用いて、怨霊になったと信じられていた道真と結びついた反体制的な「天神」という神を説明しようとしたものであり、当時の社会の風潮を巧く捕まえたがために、広く知られるようになったものではないかと考えられる。

そしてこれらの事件が、いずれも天慶年間に比定されていることは、天神信仰を受け入れた社会風土が、志多良神のそれと共通することを示しているだろう。つまり、天慶年間は、かりに実態とは別だとしても、これらの文献を最終的に作成した十世紀末期から十一世紀頃の知識人には、時代の変革の雰囲気が最高潮に達した時期、と認識されていたのである。

そしてこうした、ともすれば体制批判につながる宗教的な盛り上がりを、国家鎮護のエネルギーに変換していく活動こそ、北野天満宮の造営だったと考えられる。古くから雷神信仰の地であった京の北郊に天神のための宮寺を造営したことで、天満天神は石清水や稲荷と同様に、都の外側で王権を守護する神社体系の中に位置づけられ、やがて二十二社に数えられるようになる。天皇は保明の弟の村上で、関白は時平の弟の忠平《ただひら》の子、師輔である。天皇への祟は醍醐と保明に、摂関家への祟は藤原時平に向けられ、世代交替した王権は、数々の怪異と結びついて最大の盛り上がりを見せた都市信仰を守護神化して権力の中に取り込んでいくのである。

天慶の乱——神々の戦い——

さて、最後に取り上げたいのは、平安時代の「宗教戦争」である。割合に有名な話だと思うが、十世紀に関東で反乱を起こした平将門は、その記録物語である『将門記』によると、天慶二年（九三九）十二月の暮に

「新皇」と称したと伝えられる。この時の記事は、下野《しもつけ》、上野国府《こうずけこくふ》を攻め、国司を追放した後のもので、

時に一人の昌伎《かむなぎ》あり、云へらく、八幡大菩薩の使いとくちばしる。朕《ちん》が位を蔭子《おんし》平将門に授け奉る。その位記《いき》は、左大臣正二位菅原朝臣の霊魂表《ひょう》すらく、右八幡大菩薩、八万の軍《いくさ》を起して、朕が位を授け奉らむ。

とある。先にふれた、八幡と菅原道真の霊が、将門を新皇と認めたという事件である。

この将門への託宣の真偽については諸説ある。『日本紀略』『本朝世紀』『扶桑略紀』などには国司の放擲や部下への除目《じもく》などは記されているが、新皇と称したことや、まして託宣については他に記録がない。また、当時の坂東で八幡や天神の神威が通用したのかどうか、という疑問もある。川尻秋生は、菅原道真の子、菅原兼茂《かねしげ》が、将門が伯父の平国香《くにか》、良兼《よしかね》、良正《よしまさ》らと紛争していた承平《しょうへい》年間（九三一―九三八）の後半の常陸介《ひたちのすけ》だったことから、当時の坂東における菅原道真怨霊を持ち出すことの説得性を論じている（川尻・二〇〇二）。

しかし、忘れてはならないのは、この事件は、少なくとも『将門記』の作者が、正月直前のできごとで、しかも将門を後援する神は八幡と菅原道真の霊だ、と書いたという事実である。これは正月即位の意識を前提とした時期設定であり、即位、すなわち、王権を委

託されるもとの神を八幡に求めた、ということである。くり返すが、当時の宮廷では、菅原道真は当然として八幡にも反体制的な要素がある、というよりいまだ王権の中で安定した地位を獲得していない、という認識があった、ということなのである。

『将門記』では、これに対する朝廷の動きとして、次のように記す。

本皇位を下りて、二《ふたつ》の掌《たなごころ》を額の上に摂りたまひ、百官は潔斎して、千たびの祈りを仁祠《にんし》に請ふ。いはむやまた山々の阿闍梨《あじやり》は、邪滅悪滅の法を修す。社々の神祇官は、頓死頓滅《とんしとんめつ》の式を祭る。

つまり将門に対して、神仏をあげての宗教戦争を挑んだのである。単なる迷信深い無力な行為というなかれ、これで効力があれば、「王権には神仏の加護がある」ことになり、形式化しつつある天皇権威を再興し、自己正当性を高める効果が抜群のパフォーマンスとなるのである。天皇や貴族たちは単に迷信深いのではない、将門追討を命じられた「官軍」もまた迷信深いのであるから、神の加護を授けることには十分な意味があったし、そこには冷徹な計算が働いていたものと見られるのである。

実際にこの時期の『日本紀略』を見ると、

・天慶三年正月七日　伊勢神宮に使して東国賊事を祈る

・同八月二十日　石清水以下十二社に南海凶賊追討の祈禱

・同月二十八日　伊勢以下諸社に奉幣、封戸二十五烟《えん》を石清水八幡宮に奉る。兵乱を祈るにより（ある本によると伊勢国員弁《いなべ》郡をこの時神宮に寄進している）

とある。正月にあたり、まず祈願したのは伊勢神宮なのである。しかし、『本朝世紀』の天慶四年八月九日条に見られる、八幡と賀茂への南海道の海賊、すなわち藤原純友《すみとも》の一党の討滅祈願文では、「去る天慶二年季冬より東西の国々に凶賊が群起」したので、平定を祈願したところ、東山の賊は去年に斬られた、としている。つまり、八幡、賀茂にも将門の乱の段階から平定祈願が行われていたことがわかる。坂東の兵乱の背景には、いまだ不安定な神であった八幡神をめぐって、「新皇」と「本皇」の間に熾烈な綱引きがあった。少なくとも『将門記』を最初に読んだ貴族・文人たちはそのように理解したことだろう。天慶の乱は、将門に下った八幡託宣が僭称で、天皇こそが八幡を正統に祭祀する者であることを「立証」した戦いだったともいえる。

そして純友の乱の平定後の天慶五年には、四月十四日に伊勢、二十七日に宇佐八幡、香《か》椎《しい》、石清水八幡に奉幣があり、二十九日には朱雀《すざく》天皇が賀茂社に行幸している。地方からの挑戦をからくも退けた王権は、その勝利を神々に守られた「実績」として活用し、新しい権力としての再生を果たしていくのである。

こうして、全国の神を一律支配していた律令王権は、新しく生まれた神々をその権威を支えるものとして取り込み、その時代の有力神に支持されて、何があっても「神に守られる」ものと認識されていくようになる。その転換が起った時代こそ天慶年間なのである。ここまで取り上げてきた、神々の変動が天慶年間に集中するのはこのためなのである。

だから、天慶の乱は「宗教戦争」なのである。

宇多王統の形成——神との関係の再生

律令国家と京の変質

さて、ここまで、八世紀から十世紀初頭にかけて、「都城」「京」をキーとして、神と神社の変遷を追ってきたのであるが、みなさまはどのような感想を持たれただろうか。全国の神社を一律に統制する律令的祭祀体制が崩壊し、新しい神社が次々に生まれ、王権はそうした神社を、手を替え品を替え利用していく。それは「思想的変遷」などというきれいごとではなく、迷走のように、いや、目先の効果のみを追った迷走そのものにみえる。

じつは、この「迷走」は、同時代の政治の変遷ともよく似ているのである。この頃の政治体制について、律令国家という確固とした国家体制が弛緩し、崩壊し、混迷の平安時代に突入していくというイメージを持つ方も多いのではないかと思う。しかし近年の研究者でそう考える人はまずいない。神社の変遷はこうした権力構造の変化と表裏一体なのである。

九世紀から十世紀後半にかけての王権や政治体制の変質過程は、一見すると融通無碍《ゆうずうむげ》、悪くいうと定見のない迷走のようにみえる。しかし、そこで行われていたのは、中国という大国に即応したシステムとして完成した律令体制を、より実態に近い形に整理していく作業である。具体的には、天皇を頂点とした政治形態はそのままにして、上皇（院）や大貴族や大寺社などを筆頭にした聖俗さまざまな権力集団が、荘園を寄進されて大土地所有者になり、あるいは中下級官人を自らの家人として編成してその中から地方官を推挙するなど、政治・経済的に自立しつつも協調して権力を分割保有することで、天皇や政府の役割を最低限にまで減らし、大きな政府から小さな政府へ転換していくことであった（仁藤智子・二〇〇〇）。

このような権力集団が権門と呼ばれていたことから、国家体制を「権門体制」と呼ぶ仮説が歴史学界では一般的である。提示したのは中世史家の黒田俊雄である（黒田・一九九四）。そして九世紀は、律令体制から権門体制への大きな動きのはじまりの時期だと理解されるようになっている。

権門の頂点に立つ人びとは当然ながら京に居住した。そのため、八世紀には一元的に税物が運搬されるだけだった京には、権門配下のさまざまなチャンネルを介して人や物資や情報が集中し、さらに交錯しては再び発信されていく。京はすべての情報の交差点となったのである。

こうした過程を経て、十世紀の後半には、平安京には日本史上まれに見る、傑出した都市文化が現出したのである。それは単なる政治都市、王権のキャンプ地といわれる平城京とはまったく異なる内実を持つ京であった。

もとより前近代の都市の多くは、文化と退廃、繁栄と不衛生、洗練された芸術と死体をも含む処理されない汚穢が隣合わせの所で、多くの人口が流入しては流行病で激減し、その間隙にまた人が流入してくる過程を繰り返す空間である。平安京もその例外ではなかった（西山良平・二〇〇四）。

しかし、都市民が逃亡し、わずか七十年ほどで放棄された平城京とは違い、平安京は、そこに行けば何かがあると期待する新たな都市民を受け入れ、放棄されない街になっていた。つまり、平安京とは、動かないことを自明とした京であり、動かないことを前提とした都市になっていたのである。だからこそ、「平安時代」は四百年も続き、さらに現代の京都へとつながっていくのだが、その前提は遷都当初から自然に成立していたものではなかった。こうしたコンセンサスが成立するまでには、いくつかの重要な定点（ターニングポイント）が存在したのである。先述した賀茂斎院《かもさいいん》の成立もその一つだが、ここでは、九世紀後半のもう一つの出来事を概説しておきたい。

この九世紀後半の定点に最初に着目したのは、近代歴史学ではない。すでに平安末期、鎌倉初期には語られていたのである。まずは、平安時代後期の歴史観から見ていこう。

画期としての宇多天皇

平安後期の歴史観を代表する史料は、天台座主《てんだいざす》で摂関家出身の高僧慈円《じえん》（一一五五―一二二五）が記した『愚管抄《ぐかんしょう》』である。その述べるところによると、理想的な政治とは天皇と摂関が相互補完して王権を支える体制によってもたらされ、その模範は宇多《うだ》・醍醐《だいご》朝だという。この時代は後世に「寛平《かんぴょう》の治」「延喜《えんぎ》・天暦《てんりゃく》の治」といわれ、聖代であると見なされた。理想的かどうかはともかくも、事実、宇多政権こそ、平安王権のあり方を規定した政権であった（伊藤・一九九五）。

宇多は藤原基経《もとつね》の後援を得て即位した天皇である。ただし、即位までの経緯は単純ではない。割合に知られていることだが、宇多には源定省《みなもとのさだみ》と名乗っていた「貴族」時代がある。天皇の条件が個人的な資質より、血統的な正統性を重視する方向に移りつつあったこの時代には、いや、前後の時代でも、いったん源姓を名乗った皇子が即位するのは考えにくいことである。その背景には、彼の父、光孝《こうこう》天皇の即位をめぐる政治的なトラブルがあった。

光孝の先代天皇は陽成《ようぜい》天皇である。この天皇は清和《せいわ》天皇と藤原基経の妹、高子《たかいこ》の間に生まれた皇子で、幼少時に即位している。当然政治は基経の主導のもとに行われる。ところが陽成の成長とともに、藤原基経と高子の間に、政治的確執が生じてしまったらしいのである。

もともとこの二人は藤原長良《ながら》の子であったが、長良の弟、良房《よしふさ》が後見人となることで、政治的な立場を強めていく。よく教科書などでは、基経が養子となった、と説明されるが、この時代には、男系直系の家の継承などまだ未成立で、男子は蔭位《おんい》によって父の地位の恩恵を受け、女子は父の財産を継承することで生活を保障されるというように社会的地位の継承と財産権の継承が食い違っていた。その頃に養子になる、という概念が果たしてあったのかどうかは、はなはだ疑問なのである。良房が基経の資質を見込んで後継者に指名したとしても、それはむしろ藤原氏という幅広い血縁集団のリーダー、氏長者《うじのちょうじゃ》の継承という意味だったかと思われる。

そのことは、良房と基経の政治姿勢の大きな違いによってもうかがえる所である。父としての立場から、娘で清和天皇の母となった明子《あきらけいこ》を全人格的に補佐し、最も優れた血統の天皇を擁した良房に対して、基経は妹の高子と対立し、最も優れた貴種であるべき陽成を敵に回すことになったのである。そして陽成はわずか十七歳で退位し、やがて高子は皇太后の位を剝奪される。

陽成退位の直接原因は、宮中で源益《みなもとのまさる》という貴族の一人を殺害したことにあるらしい。しかしこれはおかしな話で、王が貴族を殺したからといって、なぜ退位しなければならないのかは謎なのである。天皇に天皇としての資質がない、としても、天皇を裁くことはできない。そして少なくともその百年後、藤原道長の時代なら摂関級の貴族が貴族を邸宅内で殺害しても簡単にもみ消していたのである。また百年も立たない前には、称徳天皇は不忠と認定された恵美押勝《えみのおしかつ》一族などを、直接手を下していたわけではないが殺していたのである。直接手を下したことによる穢れの問題も想定できるが、いずれにしても、口を拭《ぬぐ》おうと思えば、いくらでも拭えたはずなのである。

しかし基経はそれをしなかった。おそらく高子・陽成を核とした勢力の持つ最大の危険性、すなわち、貴種として擁立した無力な母子が自らの意志を持って動きだそうとしていることを感じ取り、事前に芽を摘んだのである。基経が制限しようとしたのは、血統継承と政治システムの確立によって安定した王権の中に残された君主権力の不安定性、つまりシステム化された王権の中の天皇の資質によって左右される部分ではなかったか。

ここにおいて、良房以来の、天皇の母を藤原氏が出し、皇太后と天皇を藤原氏が抱え込む、という政治体制はいったん頓挫せざるをえなくなった。この時期に、春日神社に置かれた斎女《さいじょ》制度は姿を消す。春日斎女と伊勢や賀茂の斎王《さいおう》との相違は、氏長者である良房との血縁関係が明記されていないことである。それは、天皇の直系を重視する斎王（斎宮・斎院）との大きな相違で、斎女を創置した藤原良房自体が、藤原氏の家長、という立場を確立しきれていなかった、すなわち、その権力をシステム化できていなかったことを示唆している。基経はそうした良房の政策を取捨選択し、新しい方針を模索していくことになる。高子との対立や、新しい天皇の擁立もまた、その一環だったと理解できるのである。

こうして見いだされたのが、皇族中最年長級の光孝天皇であった。仁明《にんみよう》天皇、つまり三代前の天皇の皇子である。主権者に適任者がいない時に最年長の信頼できる者が暫定的に跡継ぎに入る、というシステムは理解しやすい。それは現代でも古代でも同様であろう。しかしこれは必ずしも、新しい血統の天皇家の誕生ではなかった。光孝天皇は、斎宮・斎院となった皇女をのぞき、男女の皇子をすべて臣下に降ろしてしまったからである。光孝は、次代の天皇を立てないままに即位したことになる。

しかしすでに老齢であった光孝の政権は、わずか三年で終焉を迎える。その末期の時、光孝は藤原基経と図り、貴族となっていた皇子の一人、源定省を皇族復帰させ、皇太子に任命したのである。

現在の皇室典範なら、一度臣下となった者が皇族に復帰することはありえないが、この時代には、必ずしもないわけではなかった。とはいえ、異常なことには違いない。そして、光孝の死去の後、皇太子定省親王は、新しい天皇として即位する。宇多天皇はこうして誕生した。つまり、宇多天皇は、臣下から上がった天皇なのである。

正統な天皇

さて、宇多のような天皇は、正統な天皇といえるのだろうか。この当時の考え方に即していうと、じつはとても正統とは言えないのである。

具体的な例を挙げてみよう。この時代には、天皇が即位すると、即位宣命《せんみょう》と呼ばれる天皇の宣言文が公表される。その中には、このような文言がある。

この天《あま》つ日嗣高座《ひつぎたかくら》の業を、かけまくもかしこき、近江大津の宮に御《あめのしたしろしめし》宇天皇の初め賜ひ定め賜へる法のままに仕え奉る

律令国家体制が築かれた当初の持統《じとう》天皇の即位宣命には「天のヨサシ」、つまり天からの委託によって支配の正統性を保証された、という文言があった。おそらくこの意識は六世紀頃から徐々に形成されてきたものだと、熊谷公男はいう（熊谷・二〇〇一、二〇〇二）。八世紀に入ると、天皇は「不改常典《ふかいじょうてん》」、つまり改めてはならない法により即位をすると宣言をした。そして桓武《かんむ》以降の天皇は、この法を、近江大津宮の天皇、すなわち天智天皇の定めた法という名で呼ぶようになった。平安時代には、皇位継承の法とは天智天皇の子孫である桓武天皇の正統な後継者が皇位を継承することだと認識されていたわけである。

そして、この正統性を確立するために、天皇家は著しい努力をしていた。八世紀の天皇は、天智・天武《てんむ》の血統の中で、擬制的な親子関係を構築することで世代間継承されていたことが仁藤敦史によって論じられている（仁藤・二〇〇六）。九世紀の王権は、さらにその範囲を絞りこんで桓武天皇の子孫に皇位継承権を限定したのである。

桓武が即位した頃、氷上川継《ひがみかわつぐ》の乱と呼ばれる事件があった。聖武天皇の娘、不破《ふわ》内親王と塩焼王《しおやきおう》（新田部《にいたべ》親王の子、天武天皇の孫、賜姓されて氷上塩焼）の子である川継が皇位を

狙《ねら》ったとする謀反《むほん》事件である。この時代には、臣下に降りたといっても、聖武天皇のただ一人の孫となった川継が天皇になることはまったく可能性のないことではなかったことがわかる。こうした社会的認識に対抗して、桓武は自らの子孫の優位性を強調したのである。

そして先述したように（九八ページ）桓武は自らの三人の皇子をつづけて天皇とし、異母姉妹の内親王を結婚させた。平城《へいぜい》・嵯峨《さが》・淳和《じゅんな》天皇である。ところが平城は上皇となった後、嵯峨天皇と対立して失脚し、その子で皇太子の高丘《たかおか》親王は皇位への道を絶たれる（平城上皇の乱、八一〇年）。淳和天皇の皇太子恒貞《つねさだ》親王もまた、嵯峨上皇の没後に、仁明天皇の皇位を窺《うかが》った科で辞任に追い込まれていく（承和の変、八四二年）。そして皇位は、嵯峨から息子の仁明、そして仁明と藤原冬嗣《ふゆつぐ》の娘の順子との子、文徳《もんとく》へと直系継承されていく。こうして天皇の直系継承、それも皇太子にその時の天皇の皇子を指名する直系継承体制がスタートするのである。天皇の血統はここに確立したかに見えた。

この体制に頭から水をかけたのが陽成天皇の退位事件なのである。陽成には子供がおらず、退位させたのはいいが後継者が不在となり、直系継承体制はここに瓦解することになった。この時、最初に候補に上げられた元皇太子の恒貞親王は辞退し、太政官会議では、嵯峨天皇の皇子で臣籍に下っていた左大臣源融《みなもとのとおる》が「近き近親をたどれば、融もいる

「ぞ」と自己宣伝をしたという。ようやく確立されかけた、安定した皇位継承体制は藻屑と消え、臨時避難措置として選択されたのが光孝の擁立だったのである。

　そして、想定外の光孝の急死により、ついに元貴族の天皇が即位してしまう。氷上川継も源融も望んで得ることができなかった皇位が、源定省には何の政治的努力もしないのに転がり込んできたのである。どのように抗弁したとしても、この即位は、やはり正統とはいいがたい。事実、『大鏡《おおかがみ》』は、陽成上皇が上皇御所の門前を通る宇多天皇の行列に「当代の天皇などわが家人《けにん》だった者ではないか」と強烈な侮蔑の言葉を吐いたと記録しているのである。

宇多政権の特色

　このように、新しい天皇といっても、宇多も、そして宇多を擁立した形になる藤原基経もまた、きわめて不安定な状況で新体制を出発させざるを得なかった。

　しかしながら、この二人は、意外に強力な政治を推進していくことになる。宇多朝に行われた諸改革を年表風に列挙すると次のようになる。

　八八八年　五位蔵人《ごいのくろうど》を新設

　八九一年　菅原道真を蔵人頭《くろうどのとう》にする

八九二年　菅原道真、『類聚国史《るいじゅうこくし》』編纂
八九四年　『新撰万葉集』編纂　遣唐使の中止
八九六年　王臣以下百姓の荒田・閑地占有、五位以上の私営田の禁止

蔵人は天皇直属の秘書官であり、その任命にはさほどの前例がない。菅原道真が抜擢され、そのまま右大臣に昇進していくことを考えれば、人材登用システムを確立しようとしたと考えられる。

また、『類聚国史』は、六国史を項目別に分類再構成したもので、以後に作られる、日記などを項目別にデータ整理する「部類記」の端緒となる。これは直線的に事実を並べる歴史史料の弱点を克服し、そのデータ資料化を可能にしたものであり、以後顕著になる貴族社会の前例主義の教材となったものである。さらに『新撰万葉集』は、完成しなかったと見られるものの、次代の『古今和歌集』に先行する勅撰集編纂の走り、つまり王権が芸術の価値をも支配する権威となることの試みであった。

また、遣唐使の中止は、国際関係の欠如として理解されることが多いが、何かと規制の多い国家間の交流よりも、むしろ自由に来航する唐の商人を利用して交易や情報収集、あるいは私的な渡航を行わせた方が合理的だ、という意識から不用とされたものと考えられ

る。

そして荒田・閑地の占有と私営田の禁止は、次代の延喜荘園禁止令に先行する、班田収授法の限界と土地私有の実態を見定めた改革への端緒となっている。

このようにいわゆる「寛平の治」は、かなり現実的かつ実務的な、その後に引き継がれていくような政策を残したといえそうである。

そして複雑な事件なので詳細は省くが、これらの前提として「阿衡《あこう》の紛議」がある。「阿衡の紛議」は、一般には、宇多天皇が即位した時点で、型通りに辞表を提出した左大臣藤原基経に対して、「朕《ちん》の阿衡になってほしい」と慰留したが基経が「阿衡は無任所の大臣の意味」だとして、サボタージュを行ったため、ついに詔を撤回し、復帰してもらった、という事件として知られている（坂上・二〇〇一、吉川・二〇〇二）。一見すると、法制用語の曲解に基づく難解な議論だが、要するに揚げ足を取った子供のケンカのような話である。

ただ、この事件の意義は、それまでいい加減だった関白の政治的な役割、すなわち、天皇に先立って上奏文を読み（内覧）、天皇は関白の意見に原則として反対はしないこと、を明確にしたことである。天皇が政治的能力を持たない幼児の時に補佐する摂政と違い、関白は成人天皇の補佐役となった基経が臨時に名乗った呼称であり、王権の中での位置づけ、あるいは天皇個人の権力との住み分けなど、問題が多かったのを、ここで一気に解決したことになる。それは一見、天皇の全面的譲歩に見られるが、反面では関白の役割を規定したことで、関白が入れない天皇の領域を規定したともいえる。先述した『愚管抄』は天皇と摂関の「琴瑟相和《きんしつあいわ》した」関係こそ理想の政治体制としているが、宇多と基経のこの妥協こそがその発端となったのである。

この妥協はたしかに天皇の政治的権力を大きく制限するものである。そのため昔から、藤原氏の皇位をないがしろにする策謀だ、という理解がされてきた。しかし私は、その反面で、皇位継承を安定的に行う、つまり皇位を天皇家に特化するためには割合に合理的な方法となったとも思う。この時代には、面白いことに、優れた天皇の後に無能力な後継者を立てる傾向がある。桓武の後は早良《さわら》親王の怨霊に悩まされ、健康面に不安のあった平城、仁明の後は内裏に入ることなく育った文徳、醍醐の後は菅原道真《すがわらのみちざね》の祟を恐れ、内裏から出ずに育ったという朱雀、村上の後は精神の病ともいわれた冷泉《れいぜい》、などである。彼らはそれぞれに資質の問題はあっても、その時点では最も正統な皇位継承資格を持っていた。

やはり王たる資格は、その資質ではなく、血統的な正統性にこそ求められるのが平安時代以降、男系直系を最善とした「天皇」システムの特徴なのである。である以上、資質面に問題のある正系の王が立った場合の補助システムは絶対に必要になる。そこで用意されたのが関白なのである。そう考えれば、宇多と基経の妥協こそが、以降の平安期を通じての天皇制が、奈良時代や九世紀段階のそれに比べて―血統分裂の時期はあったにせよ―皇太子制を機能させ、安定した継承を続けられた大きな理由となると考えられる。どんな人間でも、血統が正しければ天皇になれるというルールを完遂することで国家の秩序は保たれる。何か本末転倒しているような正統論だが、それが通用していた時代、これこそが十世紀的な国家の時代、すなわち「平安時代」なのである。

このように、血統的な転換のみならず、八世紀的な国家から、十世紀的な国家への政策転換の走りとなったのが宇多天皇の時代だということができる。

神が認めた宇多天皇即位―宮中に起こった怪事件の意味―

さて、遅くとも七世紀にはできていた「天のヨサシ」という思想には、中国の天命思想の影響があることは否定できない。つまり天皇家は、持統天皇以来二百年にわたって、諸豪族と隔絶した者、「天」から王権を保証された者であることを必死にアピールしようとしていたといっていい。ところが、この王権の基本方針は宇多天皇の即位によって大きく揺れ動くことになる。もともと源定省、つまり宇多天皇には、自らが天に認められた者であることを世間にあらためて認めさせる必要があったと考えられる。つまり、宇多は自らを聖別・特化しなければならなかったのである。

このような視点から、光孝・宇多朝の交替期を見なおすと、きわめて興味深い資料がいくつか浮かび上がってくる。

たとえば、『日本三代実録』仁和《にんな》三年（八八七）八月十七日戊子条に、つぎのような不思議な記事がある。まずは書き下してみる。

今夜の亥刻《いのこく》。或人告ぐ。行人の云はく。武徳殿《ぶとくでん》の東縁の松原の西に美しき婦人三人あり。東に向ひて歩行す。有る男松樹下に在り。容色は端麗なり。出来して一婦人と手を携へ相語る。婦人精感し。共に樹下に依る。数剋之間。音語聞こへず。驚き恠《あやし》みて之を見るに。其の婦人の手足折れ落ちて地に在り。其身首なし。右兵衛《うひょうえ》と右衛門《うえもん》の陣の宿侍の者。この語を聞きて往きて見るに。其屍《しかばね》有ることなし。在る所の人。忽《こつ》然《ぜん》として消失す。時の人おもへらく。鬼物の形を変じ。此の屠殺を行ふと。

つまりこういうことである。

平安宮の武徳殿の東の松原（宴の松原）を、「名も知らぬ身分の高そうな美女」三人が東、つまり内裏の方向に歩いていると、松の樹の下に、美しい男がおり、女の一人と手を取って語り始めた。ところがしばらくして、声が聞こえなくなったので「残りの二人」が驚きおののいて見ると、手足が落ちているだけで身体や首がなかった。通報を聞いて、夜間警備をしている右兵衛府と右衛門府の陣の宿直の武官があわてて行って見たが、死体はなく、美女二人の姿も忽然と消えてしまった。

何とも異様な事件で、詳細に読んでいくと、その不思議さはさらに倍増する。

(1)九世紀後半に真夜中の宮中を美しい婦人が歩いている、という状況がまず異常である。
(2)その女性の身分も名前もわからない。
(3)通報した二人の女性が兵衛と衛門の者を連れてきた時には死体がなくなっており、現実の死体を通報者以外見ていない。
(4)『日本三代実録』の記事なのに、衛門府や兵衛府の公文書報告や見解がまったく引用されていない。
(5)殺人・死体損壊事件なのに現地で祓《はらい》が行われた形跡がない。
(6)軒廊御占《こんろうのみうら》などの占によってこの事件の背景を知ろうとはしていない。

矛盾だらけの話ではある。

そして絶対に見逃せないのは、この話の冒頭が「ある人が、道行く人の話だと言っていた」としていることである。つまりこれは「信頼できる知人から聞いた」というデマの典型パターンなのである。

じつはこの事件は、ある大事件下で発生していた。同年七月三十日の、通称「仁和の大地震」である。津波と地震による被害は五畿七道に及び、京内でも建物の倒壊が相次いで死傷者が大量に発生し、宮中の紫宸殿《ししんでん》も清涼殿《せいりょうでん》も立ち入れず、光孝天皇自身が紫宸殿の南側の臨時の幄舎《あくしゃ》に待避するありさまだった。しかも京内では、春から飢饉《ききん》が続き、八月には台風で賀茂川が氾濫していた。まさに平安遷都以来、最も不幸の集中した年であった、ともいえる。この月には、京内で「根のなき妖言三十六種」がささやかれていて、いちいち取り上げられないほどだったという。京中がパニックの巷になっていたのである。

こうした中で、光孝天皇は重態に陥った。

そして「鬼物」が美女を喰《く》ったと囁《ささや》かれたのである。

鬼が人を喰うのはあたりまえのような気がする。しかし、現在私たちが自然に意識する「赤や青で角があり、虎の皮の褌《ふんどし》をする」鬼のイメージは古代には未成立であった。「鬼」

という漢字には一定の定まった解釈がなかったようで、この漢字が中国で本来指していた「幽霊」的なものだけでなく、『日本霊異記《にほんりょういき》』では、地獄の下級官人的な鬼も出てくるし、正体不明のモノを鬼としていたような例も見られる。

しかし、それでも人を喰うことは鬼の重要な個性とされていた。『伊勢物語』でも『日本霊異記』でも、人を喰うモノは「鬼」とされているのである。その最も古い例は『出雲《いずもの》国風土記《くにふどき》』に見られる「目一つの鬼」であった。

ところが「人を喰う」という属性はもともと鬼に特化されたものではなかった。人身御供《ひとみごくう》を要求するという点で、鬼と共通するのは「京という空間と神」の章で見たように「神」なのである。『出雲国風土記』には娘を喰った鰐《わに》を倒すために、祭祀を行う話がある。祭祀が通用するなら、鰐には神的な属性があったことになる。クシナダヒメを喰おうとしたヤマタノヲロチも神と見なされていたし、『常陸《ひたち》国風土記』の夜刀《やと》神も「見ると死ぬ」蛇神であった。「喰う」という行為が「命を喰らう」のであれば、「人喰い」という最大のタブーの侵犯は、命をもてあそべる人智を超えたモノの特権だったといえそうである。実際、「京という空間と神」の章でふれたように、天災が神の示顕と認識されていたのであれば、天災によって多くの人命が失われるのは、「神のしわざ」と認識される、つまり、神は人の命を好むものと認識されるのである。

そうした「荒ぶる」神を和《なご》ませるのが、巫女《みこ》のような存在であった。たとえば、平安京的な祭祀として取り上げた平野祭には「山人」なる者が薪《たきぎ》と賢木《さかき》を持って来訪し、炊女《かしきめ》と呼ばれる女性祭祀者が接待し、共に舞っていた。山人は自然界から訪れる来訪神的性格を強く持っている。そして来訪神の一形態である「儺祭《なのまつり》」で見えない鬼を追うはずの方《ほう》相氏《そうし》が十世紀には鬼と見なされるように、あるいは大江山の酒天童子《しゆてんどうじ》のごとく鬼が山に住む者と認識されていることから見ても、里に来訪する山人と鬼には近接性がある。

また、山人は園韓神祭《そのからかみ》にも現れる。先述のように園韓神は、平安宮より古く宮内省の地にあり、平安宮成立時に取り込まれた神である。平安宮は、本来排除されるはずの在来の神を宮内に取り残し、そこに異形の神である山人までが来訪する仕組みになっていた。

そして、神とは、制御をしそこねると人を喰い殺すモノなのである。そうした常識を超えた行いをするモノは、鬼と呼ばれるモノにきわめて近い。神と鬼は、人智を超えた現象を説明する二通りのパターンでしかないともいえる。神と人とのバランスが崩れれば、平安宮は鬼の跋扈《ばっこ》する所となるのである。

以上のような認識で、人は神との調和を保っていたとすると、仁和三年（八八七）八月の平安京、さらに平安宮は、地震・台風・そして天皇の霊力低下により、まさに調和が崩壊した状態になっていたものと考えられる。八月四日、八日には宮中から羽蟻《はあり》が飛翔し、十二、十五日には鷺《さぎ》が朝堂院《ちょうどういん》や豊楽殿《ぶらくでん》の屋根に集まっている。これが奈良時代なら、たちまち遷都の議論が巻き起こったところである。

しかし平安京からの遷都は現実化しなかった。そして光孝天皇の死去をもって『日本三代実録』は終わり、六国史《りっこくし》の時代も終焉を迎える。それに代わって行われたのが、源定省＝宇多天皇の即位と新しい政治改革だった。そう考えると興味深いのは、宇多の皇太子就任の詔《みことのり》で、彼を皇太子に選任した理由を「台鼎《たいてい》の昌言《しょうげん》」に驚いたため、としていることである。これは、すべての異常事態が、天皇としての正統性を無視して定省王を源定省に降ろしたことで、天や祖先の霊といったものが怒った結果だという認識である。つまり、『三代実録』の史観では、異例の即位により始まった光孝朝は、天変地異の連続によって顕わされる神と人とのバランスの崩壊で終焉し、その危機的状況を克服するために「本来正統でありながら」臣下に雌伏していた宇多天皇が見いだされ、即位が行われた、となるのである。この状況下ではもはや遷都はありえない。神と人のバランスが回復・維持さえできれば、平安京はふたたび神に守られた都市として再生するからである。そこには、王の居所として恣意的に置かれた古代都城《とじょう》から、都市住民がそこに安心して暮らすことを王が保証する古代都市への転換意識がうかがえる。そして宇多の即位とその改革の一定の成功は、平安京を本当の意味で「万代宮」、すなわち神に守られた動かない都市だと、人びとに認識させることとなったのである（榎村・二〇〇三）。

いうまでもなく『三代実録』の編纂が行われたのは宇多朝である。そして最終巻の編者は藤原時平《ときひら》である。この史書の世界観の目的は宇多王権の正統性の確認であり、宇多は天皇家の傍流ながら天命によって即位し、平安京の危機を救い、平和な時代をもたらした天皇だと位置づけられているのである。宇多にまつわる物語は、古い平安京の秩序の崩壊と、新しい王統の誕生による「世直し」というものであり、「鬼が美女を喰った」事件は、宇多という有徳の天皇の出現により天下が鎮まった、というストーリーの一部なのである。

宇多天皇は、祖父の仁明天皇と、祖先の桓武天皇を強く意識している。仁明以来絶えていた野行幸《のぎょうこう》を復活させたり、桓武が父親に贈った漢風諡号《かんふうしごう》である「光仁」とよく似た「光孝」の名を父に奉ったりしたことにそれは顕われている（木村・一九九七）。桓武は早良の亡霊を恐れて、長岡京を平安京に移した。しかし父の光孝を災異や怪異に奪われた宇多は、ついに京を移さなかった。それでも平安京は崩壊することなく続いた。それは京が単なる政治都市ではなく、多元的な生き物となっているのだから当然なのであるが、支配者たちはそれを新しい王統の正統性により、人と神の関係が修復された結果と認識した。

そして宇多の子孫たちは、天慶《てんぎょう》の乱において、伊勢、八幡以下の神の加護を得て勝利した、という認識を得た。平安京は、天皇を守る神社群によって守られる空間と認識され、本当の意味で「万代宮」意識が確立してくる。

こうして「神に認められた」宇多天皇の子孫たちは、摂関家と連係しつつ、十二世紀中盤まで「平和」な時代を続けていく、それが『愚管抄』につながる歴史意識であり、その間こそが後世にいう「平安の世」なのである。

神社、この政治的なもの——エピローグ

神仏たちは京を護るのか

ここまで見てきたように、十世紀になると、京の周りはいろいろな神々に、あたかも取り巻かれるようになる。伝統的な山城《やましろ》盆地の有力神であった賀茂と松尾、天皇家と起源を同じくする貴族に関わる平野や梅宮、藤原氏に関わる大原野《おおはらの》や吉田、そして皇后と天皇の母子信仰に関係する石清水《いわしみず》八幡、都市信仰のエネルギーを王権の防衛に取り込んだ天神や祇園《ぎおん》、農耕神を王権の中に吸収した稲荷などである。それら多くは神とも仏ともつかない「宮寺」という形で祀られる存在であり、その外周上には、延暦寺や醍醐寺、神護寺《じんごじ》、大覚寺《だいかくじ》、鞍馬寺《くらまでら》などの寺院も配置されていた。

逆にいえば、都城《とじょう》として完成することなく都となり、さらに右京が衰退して街の形がすっかり変わってしまった平安京は、その範囲を「寺社に防衛された枠の中」としていったようにも思えるのである。平安時代後期に京の外京、副都心とされた岡崎や鳥羽《とば》なども、こうした枠の中に納まる存在だった。

あるいは、それが左右京の概念の崩壊した後も、京が京でいられた理由なのかもしれない。東の厳神（賀茂）と西の猛霊（松尾）の間、北は北野で南は石清水・稲荷、鬼門《きもん》は日吉と延暦寺、乾《いぬい》は愛宕の将軍地蔵、という枠の中にあるからこそ、右京は京の一部でいることができたともいえるのである。

そして、こうした神や仏は、いわば京の防衛線であるとともに、京の内外で発生する、王権に関わる怪異を吸引する掃除機のような存在でもあった。

本来怪異や災異とは、天人相関思想的にいえば、天からの皇帝の不徳に対する諭《さと》しであり、皇帝の責任問題になりかねないものであった。したがって皇帝は、神の怒りを買わないように、神を祀り、天に恥じない政治を行う義務があるとされたのである。

ところが日本の場合、怪異とは多くの場合、神から天皇への何らかの予告、つまり予兆であるとされる。その予兆を読み取るために用いられたのが「軒廊御占《こんろうのみうら》」である。これは、怪異と認められる現象があった時に、内裏《だいり》の紫宸殿《ししんでん》の左右の回廊で行われる占いで、陰陽寮《おんようりよう》の陰陽博士による式盤《ちよくばん》の占いと、神祇官《じんぎかん》の卜部《うらべ》による亀卜《きぼく》によって行われた。こうした占いを介して、特定の異常事態に対して「恠《かい》(怪)異《い》」という語を関することは、九世紀前半頃から行われるようになる。それまで異常事態として報告されていた、たとえば動物の異常発生とか天候の異常などが「恠異」かどうか判定できるようになり、さらに怪異と判定されれば、その原因も特定できると言うトップシークレット級の占いが、天皇の身近で行われる。これが軒廊御占である。

では、この占いとはどのようなものだったのだろうか、軒廊御占は十世紀頃から頻繁に行われるようになるが、詳細な資料は、十二世紀にならないと表れない。そこでいささか時代は下るが、十二世紀中葉の資料から考察してみよう。

『類聚符宣抄《るいじゆうふせんしよう》』に、万寿《まんじゆ》三年(一〇二六)三月十三日に発生した宇佐八幡宮の「恠異」についての措置記録がある。ここで怪異とされたのは、「クヌギの巨木が突然立ち枯れたことと、一羽の鴨が南楼の上にいたこと」である。それによると、恠異は三月十三日と十七日に発生し、十七日に宇佐八幡から発生日時と内容を記した移文《いぶん》が豊前《ぶぜん》国に送られると、二十日には大宰府《だざいふ》に解《げ》が送られ、大宰府から京に三月二十三日に解文《げぶみ》が送られた。六日後には京に知らされていたのである。そして京では神祇官と陰陽寮により、なぜか五月九日になって軒廊御占が行われた。その結果は、「天皇が期日まで身を慎めば咎《とが》はない、あるいは疫癘兵革《えきれいへいかく》（流行病・戦争）の予兆か」と出た。そして五月十三日に諸国司宛太政官符《だじょうかんぷ》が下され、仁王般若経《にんのうはんにゃきょう》の転読が行われ、山陽、南海道、大宰府には別に官符が送られた。

この処理を見るかぎり、恠異の発生から中央への奏上については、ほとんど検討もなく迅速《じんそく》に行われている。つまり「物恠」の情報として伝達され、その解釈は御占に委ねられ、そこではじめて解釈が行われるのである。ただし上奏から御占までは約二ヵ月を要しており、何らかの検討は行われていたものとは考えられる。

そしてこの怪異は、天皇の身体に影響を与えるものではなく、仁王般若経を転読する、つまり敬神行為を行うことで、神の力で疫癘も兵革も抑えられる、としたものなのである。

ここでは、怪異とは神の起こすものであり、神からのサインであり、悪政を糾弾するものではないと読み解かれていたのである。そして、原因がわかればその原因に謝ればいいのであり、異様な「怪異」自体は、神が行ったことになり、より悪いことを防止するために示唆をした、と理解される。つまり、怪異は「神仏が王権を守るための予知行為」と読み替えられているのである。

それは場合によっては大変なことである。しかしながら、いわば「謝ったらすむ」怒り、謝り方のわかっている怒りなのである。経典を転読することでたいていの神は怒りを治める、あるいは予言的な小事件にピリオドを打ってしまう。大災害でさえ、「より大きな災害が国家祭祀の功徳《くどく》により収まる」とされるのである。そして生き残った者に対しては、それが国家の力によるものだと宣伝される。そのためにさまざまな儀礼が行われるのである。

もちろん、それと天皇個人が神の怒りをどのように考えるか、ということは別問題である。神を恐れてノイローゼになる天皇もいる。たとえば十一世紀前半の後一条天皇、後朱《ごす》雀《ざく》天皇の兄弟はまさにそういうタイプで、後一条は百王思想を喧伝《けんでん》した「長元《ちょうげん》の斎王託宣」が原因となり、また後朱雀は内裏の焼失によって、伊勢神宮の怒りを恐れるようになり、命を縮めたといえる。

しかしながら、それでも天皇は、二十二社など特定の有力神や仏たちによって守られる存在に転化していくのである。十一世紀後半以後となると、天皇は即位以後、護持僧により、即位《そくい》灌頂《かんじょう》に始まる多くの呪術で守られていくようになる。本来世俗王であったはずの天皇はますます外部から隔離され、仏と、仏の垂迹《すいじゃく》である神によって守られる側面が強調されるようになる。

守られる、というと聞こえがいいが、守られていることは、守られないと生きていけないことである。そして神仏は、さまざまな怪異と認識される情報を発信し、事前に危機を防いだと称し、王権にその存在意義を認めさせるようになる。「変な現象で戦争などを予知し、国家に護国儀礼を行うように勧めたところ、結果戦争は起らなかった」という主張は、今ならデマである。狼少年である。しかし十一世紀頃にはかなり本気で信用されるようになってしまった。それは見方を変えれば、神による天皇の強請《ゆす》りである。そして神をも従える世俗王であったはずの天皇は、タブーにかこまれる神頼みの存在へと転化していくようである。かくして王権は、王と官僚によってピラミッド的に維持されていた律令国家の時代から、天皇・寺社・摂関・官僚・皇后・斎王・武家など、さまざまな構成要素によって維持される複合企業的な存在の王朝国家の時代へと展開していくのである。

神社が創られた理由

律令国家を構成する氏族の守護神であった神々は、京を守るものとして仏教に触発されつつ発達し、それが全国的に展開してきた。二十二社と呼ばれる神社のうち、伊勢神宮をのぞき、京の周辺の神社は、十世紀には急激に神仏習合を強めていく。石清水のような宮寺となると、いきなり神仏混淆の祭祀施設として成立するのである。そしてこうした有力社のありかたは、全国に発信され、多くのステレオタイプを作り出すことになる。国司が親しく参詣する一宮をはじめとして、平安時代以降に神社は全国的に同じ色に染められていくのである。それは、京風の習俗に右に倣《なら》えしていくことであった。

起源を古代に求め、現在に続くことを「売り」にしている神社は王権の周辺には少なくなかった。しかしそうした有力な神々の形は、京という環境の中で育成されたものであり、また京という都市は強力な神々に包囲されることで求心性を強めたのである。それが全国に発信され、全国に二十二社の支社が大量に発生していく。それは荘園経営や、在地統制など、きわめて政治的な目的により展開していったものである。そして、古代以来の神々も、こうした都市発の情報に曝《さら》され、神仏習合の中世的な神社へと転換するか、没落していくのである。

こうして、現在見ることができる「神社」の祖形が完成していく。それは私たちの知っている神社に、仏教や陰陽道《おんようどう》・修験道《しゅげんどう》などの要素を加えた複合宗教施設であり、それこそが全国共通の「神社」という認識のものになっていった。中世の神社は、文献にのみ見られる八世紀的な「神の社」とは、名は同じでも相当に異なるものであった。

あらためて思う。神は自然的な所産だが、それを祀る神社とは、政治的な所産なのであることを。そして、都市の持つ情報の豊かさと混淆が、本来漠然とした自然神に具体的な説明を与え、名を持たない神に名を与え、相互の関係を規定し、仏教との関係を教育し、地域支配の変動に対応できる新しい神へと転化させていったことを。

古代から中世への転換は、中央集権から封建体制への転化であるというテーゼは決して古びてはいないと思う。しかしながら中央集権の象徴である京は、都市として生きつづけた。それは先進情報の発信地、創出地としてのブランド的価値を認められたから、すなわち、情報という点において求心性を保ち得たからである。その情報の重要な一つが、宗教的技法（呪術・哲学・技術・儀礼・建築など）であった。神を理論づけたのは仏教であり、神が自身で理論づけられるようになるのは鎌倉時代中期、伊勢神道が芽生えはじめてからのことである。その仏教は、天台宗も真言宗も、京の王権と不離一体の関係を持ち、鎌倉新仏教と呼ばれる諸宗派もまた、天台の分かれである。律宗に代表される南都仏教も視野に入れれば、神を語る技術は、奈良時代から平安時代にかけて、すべて都から発信されてきていたのである。

古代から中世に続く「京」、すなわち都城と神社の関係は、この国の宗教的風土の形成と大きく関係していることをあらためて感じる。

都城は、神社を創ったのである。

あとがき

この本は多くの方々の学恩によってできています。なかでも私の学問の基礎を作っていただいた直木孝次郎先生。神祇祭祀研究を一から教えていただいた岡田精司先生。学際的な視野について身をもって示していただいた松前健先生、三先生の学恩は筆舌に尽くせるものではありません。

そしてこの本の誕生は、東アジア恠異学会との出会いが大きなきっかけとなりました。じつは本書は、奇妙な執筆依頼から始まりました。「都と神社の関係について。その最後は、仁和三年の、宮中で女性が鬼に喰われた事件で締めてほしい」。

正直なところ、これは嬉しい依頼でした。この事件について分析した論文は、東アジア恠異学会編『怪異学の技法』に掲載されたもので、それを目に留めていただけたからです。

つまりこの本は、私が恠異学会に入っていなければ書かれることはなく、東アジア恠異学会の成果といえるのです。参加のお誘いをいただいた西山克代表（当時）にも深くお礼を申し上げます。

そして私は、恠異学会で学際的に学ぶことで、祭祀や恠異の史料が「不可解なできごと」についての情報発信と、その理解と受容」という観点から分析可能であることを強く意識するようになりました。フシギな「コト」が発生すると、権力がそれを認識・記録し、その原因として、神・仏・霊などいろいろな「モノ」を想定して、説明の素材とします。そのことで「目に見えないモノ」の認識が成長し、こんどはその「モノ」に対する恐れや、利用しようという意識が社会の変革を促し、方向性をも規定していくのです。都から発信される神祇祭祀の先進的情報が、どのように社会に受容され、定着し、それが支配層も含めた社会全体を規定していくか、「都が神を創った」、という本書の結論は、まさにそうした螺旋状の社会発展の一断面にほかなりません。

こうした視座を確立していく過程でとくに影響を受けたのは、恠異学会の会員、京極夏彦氏の、「モノ」化する「コト」という考え方でした。「モノ・コト」論は、たとえば「ヌリカベ」という不思議な現象（コト）が、「ぬりかべ」という妖怪（モノ）の仕業とされ、妖怪が成立する、という考え方です。私は、長い間漠然と感じていた「神仏」に関するモヤモヤについて、この考え方を援用することで、かなり整理ができるようになりました。京極氏の作中人物、中禅寺明彦に憑き物落としをしてもらったかのように。京極氏との出会いは、まさに大きなコトであり、その学恩は忘れがたいモノです。

そしてこの本は、成稿の過程で、三人の方に下読みをお願いしました。佐異学会の俊英でもある渡辺悦子、高谷知佳、久禮旦雄さんです。このお三方をはじめ、鋭い問題意識と幅広い見識をお持ちの、佐異学会や祭祀史料研究会の研究者のみなさんとの研鑽は、ひたすら厳しくかつ楽しいもので、これがなければ本書は決して成らなかったでしょう。

最後になりますが、タイトルや帯に至るまで意見をくれた妻、榎村景子さん、娘、麻里子さん、吉川弘文館の皆さん、そしてお読みくださったすべての皆様にもお礼を申し上げます。ありがとうございました。

二〇〇七年九月

榎村寛之

参考文献（主なもの）

網野善彦『無縁・公界・楽』（平凡社　一九七八年）
荒井秀規「神に捧げられた土器」（文字と古代日本四『神仏と文字』吉川弘文館　二〇〇五年）
石津輝真「神宮寺の機能と運営主体」（瀧音能之編『日本古代の鄙と都』岩田書院　二〇〇五年）
伊藤喜良『中世王権の成立』（青木書店　一九九五年）
「王土王民・神国思想」（『講座前近代の天皇　第四巻　統治的諸機能と天皇観』青木書店　一九九五年）
井上智勝『近世の神社と朝廷権威』（吉川弘文館　二〇〇七年）
榎村寛之『律令天皇制祭祀の研究』（塙書房　一九九六年a）
「古代日本の『信仰』」（『日本の美術三六〇　まじないの世界Ⅰ』至文堂　一九九六年b）
「平安京周辺神社の二類型」（吉田晶編『日本古代の国家と村落』塙書房　一九九八年）
「平安宮の鬼と宮廷祭祀」（東アジア恠異学会編『怪異学の技法』臨川書店　二〇〇三年）
「八世紀の王権と神話」（『宮城学院女子大学キリスト教文化研究所研究年報二〇〇四』　二〇〇四年a）
『伊勢斎宮と斎王』（塙書房　二〇〇四年b）
「大来皇女と続日本紀」（『続日本紀研究』五〇三号　二〇〇六年）

大江　篤『日本古代の神と霊』（臨川書店　二〇〇七年）
岡田莊司『平安時代の国家と祭祀』（続群書類従完成会　一九九四年）
岡田莊司編『古代諸国神社神階制の研究』（岩田書院　二〇〇二年）
岡田精司『古代王権の祭祀と神話』（塙書房　一九七〇年）
『神社の古代史』（大阪書籍　一九八五年）
「伊勢神宮を構成する神社群の性格」（『立命館文学』五二一　一九九一年）
『古代祭祀の史的研究』（塙書房　一九九二年）
「奈良時代の賀茂神社」（岡田精司編『古代祭祀の歴史と文学』塙書房　一九九七年）
『京の社　神と仏の千三百年』（塙書房　二〇〇〇年）
小倉暎一「石清水八幡宮創祀の背景―九世紀前後の政治活動を中心として―」（『日本宗教の歴史と民俗』隆文館　一九七六年　のち民衆宗教史叢書第二巻『八幡信仰』雄山閣出版　一九八三年）
小倉慈司「八・九世紀における地方神社行政の展開」（『史学雑誌』一〇三―三　一九九四年）
加藤　優「律令制祭祀と天神地祇の惣祭」（『研究論集Ⅳ』奈良国立文化財研究所　一九七八年）
鎌田東二『神と仏の精神史』（春秋社　二〇〇〇年）
川尻秋生「武門の形成」（加藤友康編『摂関政治と王朝文化』〈日本の時代史6〉吉川弘文館　二〇〇二年）
河音能平「王土思想と神仏習合」（『岩波講座日本歴史』古代4　岩波書店　一九七六年）

川原秀夫「律令官社制の成立過程と特質」(『日本古代の政治と制度』続群書類従完成会　一九八五年)
北村優季「京戸について―『都市』としての平城京―」(『史学雑誌』九三―六　一九八四年)
『平安京―その歴史と構造―』(吉川弘文館　一九九五年)
木村茂光『「国風文化」の時代』(青木書店　一九九七年)
京楽真帆子「平安京における都市の転成」(『日本史研究』四一五号　一九九七年)
金田章裕『古代荘園図と景観』(東京大学出版会　一九九八年)
熊谷公男『日本の歴史〇三　大王から天皇へ』(講談社　二〇〇一年)
「持統の即位儀と「治天下大王」の即位儀礼」(『日本史研究』四七四号　二〇〇二年)
黒田俊雄『日本中世の国家と宗教』(岩波書店　一九七五年)
『日本中世の社会と宗教』(岩波書店　一九九〇年)
『黒田俊雄著作集』(法蔵館　一九九四年)
黒田龍二『中世寺社信仰の場』(思文閣出版　一九九九年)
黒田龍二編・著『国宝と歴史の旅四　神社建築と祭り』(朝日新聞社　二〇〇〇年)
国立歴史民俗博物館編『日本の神々と祭り―神社とは何か―』(とくに小椋純一「八坂神社境内の植生景観の変遷」)(国立歴史民俗博物館　二〇〇六年)
斎宮歴史博物館『国史跡　斎宮跡Ⅰ』(斎宮歴史博物館　二〇〇一年)
坂上康俊『日本の歴史〇五　律令国家の転換と「日本」』(講談社　二〇〇一年)

繁田信一『平安貴族と陰陽師』（吉川弘文館　二〇〇五年）
白石太一郎「神まつりと古墳の祭祀―古墳出土の石製模造品を中心として―」（『国立歴史民俗博物館研究報告』第七集　一九八五年）
末木文美士『中世の神と仏』（山川出版社　二〇〇三年）
『日本宗教史』（岩波書店　二〇〇六年）
鈴木景二「都鄙間交通と在地秩序―奈良・平安時代の仏教を素材として―」（『日本史研究』三七九号　一九九四年）
高木博志『近代天皇制と古都』（岩波書店　二〇〇六年）
高取正男『神道の成立』（平凡社　一九七九年）
竹田聴洲『民俗仏教と祖先信仰』（東京大学出版会　一九七一年）
館野和己『古代都市平城京の世界』（山川出版社　二〇〇一年）
土橋誠「氏神祭祀と「春日祭」」（岡田精司編『古代祭祀の歴史と文学』塙書房　一九九七年）
直木孝次郎『神話と歴史』（吉川弘文館　一九七一年）
「杜と社と宮―神観念の変遷と社殿の形成―」（『古代史の窓』学生社　一九八二年）
『日本神話と古代国家』（講談社　一九九〇年）
「伊勢神宮の成立」（『日本古代の氏族と国家』吉川弘文館　二〇〇五年）
中村英重『古代祭祀論』（吉川弘文館　一九九九年）
西宮秀紀『律令国家と神祇祭祀制度の研究』（塙書房　二〇〇四年）

西村さとみ『平安京の空間と文学』(吉川弘文館　二〇〇五年)
西山　厚『仏教発見!』(講談社　二〇〇四年)
西山良平『都市平安京』(京都大学学術出版会　二〇〇四年)
仁藤敦史『女帝の世紀—皇位継承と政争—』(角川書店　二〇〇六年)
仁藤智子『平安初期の王権と官僚制』(吉川弘文館　二〇〇〇年)
林部　均『古代宮都形成過程の研究』(青木書店　二〇〇一年)
保立道久『黄金国家』(青木書店　二〇〇四年)
松前　健『松前健著作集』(おうふう　一九九七年)
丸山　茂『神社建築史論　古代王権と祭祀』(中央公論美術出版　二〇〇一年)
三品彰英「イソノカミの十種の瑞宝」(三品彰英論文集第四巻『増補日鮮神話伝説の研究』平凡社　一九七二年)
水野正好「柳久保水田址出土墨画土器の周辺」(『柳久保遺跡群1』前橋市埋蔵文化財調査団　一九八五年)
三宅和朗『古代国家の神祇と祭祀』(吉川弘文館　一九九五年)
『古代の神社と祭り』(吉川弘文館　二〇〇一年)
宮崎　浩「貞観五年御霊会の政治史的考察」(『史学研究』一九八号　一九九二年)
山崎雅稔「貞観五年神泉苑御霊会の政治史的意義—文室宮田麻呂の慰撫を中心に—」(十世紀研究会『中世成立期の政治文化』東京堂出版　一九九九年)

矢野健一「律令国家の祭祀と天皇」(『歴史学研究』五六〇号　一九八六年)
八馬光代「十世紀における石清水八幡宮と境界意識について―天慶元年八幡新宮破却事件を中心に―」(瀧音能之編『日本古代の鄙と都』岩田書院　二〇〇五年)
山中　章『日本古代都城の研究』(柏書房　一九九七年)
『長岡京研究序説』(塙書房　二〇〇一年)
横井靖仁「中世成立期の神祇と王権」(『日本史研究』四七五号　二〇〇二年)
義江彰夫『神仏習合』(岩波書店　一九九六年)
義江明子「平野社の成立と変質」(『日本古代の氏の構造』吉川弘文館　一九八六年)
『日本古代の氏の構造』(吉川弘文館　一九八六年)
『日本古代の祭祀と女性』(吉川弘文館　一九九六年)
『日本古代女性史論』(吉川弘文館　二〇〇七年)
吉川真司「平安京」(吉川編『平安京』〈日本の時代史5〉吉川弘文館　二〇〇二年)
和田　萃『日本古代の儀礼と祭祀・信仰』上・中・下(塙書房　一九九五年)
渡辺晃宏『日本の歴史〇四　平城京と木簡の世紀』(講談社　二〇〇一年)
渡辺悦子「『御霊殿』―室町・戦国期近衛家の邸宅と女性たち―」(『同志社大学歴史資料館館報』九号　二〇〇六年)

著者紹介

一九五九年、大阪府に生まれる

大阪市立大学、岡山大学大学院、関西大学大学院を経て、

元三重県立斎宮歴史博物館副参事兼学芸普及課長、博士（文学）

主要著書

『律令天皇制祭祀の研究』（塙書房、一九九六年）

『伊勢神宮と古代王権—神宮・斎宮・天皇がおりなした六百年—』（筑摩書房、二〇一二年）

『斎宮—伊勢斎王たちの生きた古代史—』（中央公論新社、二〇一七年）

『律令天皇制祭祀と古代王権』（塙書房、二〇二〇年）

『怪異学講義—王権・信仰・いとなみ—』（共著、勉誠出版、二〇二一年）

歴史文化ライブラリー

248

古代の都と神々

怪異を吸いとる神社

二〇〇八年（平成二十）二月一日　第一刷発行

二〇二二年（令和四）三月二十日　第三刷発行

著　者　榎《え》村《むら》寛《ひろ》之《ゆき》

発行者　吉川道郎

発行所　株式会社　吉川弘文館

東京都文京区本郷七丁目二番八号

郵便番号一一三—〇〇三三

電話〇三—三八一三—九一五一〈代表〉

振替口座〇〇一〇〇—五—二四四

http://www.yoshikawa-k.co.jp/

印刷＝株式会社　平文社

製本＝ナショナル製本協同組合

装幀＝マルプデザイン

ISBN978-4-642-05648-9

歴史文化ライブラリー

1996. 10

刊行のことば

現今の日本および国際社会は、さまざまな面で大変動の時代を迎えておりますが、近づきつつある二十一世紀は人類史の到達点として、物質的な繁栄のみならず文化や自然・社会環境を謳歌できる平和な社会でなければなりません。しかしながら高度成長・技術革新にともなう急激な変貌は「自己本位な刹那主義」の風潮を生みだし、先人が築いてきた歴史や文化に学ぶ余裕もなく、いまだ明るい人類の将来が展望できていないようにも見えます。このような状況を踏まえ、よりよい二十一世紀社会を築くために、人類誕生から現在に至る「人類の遺産・教訓」としてのあらゆる分野の歴史と文化を「歴史文化ライブラリー」として刊行することといたしました。

小社は、安政四年(一八五七)の創業以来、一貫して歴史学を中心とした専門出版社として書籍を刊行しつづけてまいりました。その経験を生かし、学問成果にもとづいた本叢書を刊行し社会的要請に応えて行きたいと考えております。

現代は、マスメディアが発達した高度情報化社会といわれますが、私どもはあくまでも活字を主体とした出版こそ、ものの本質を考える基礎と信じ、本叢書をとおして社会に訴えてまいりたいと思います。これから生まれでる一冊一冊が、それぞれの読者を知的冒険の旅へと誘い、希望に満ちた人類の未来を構築する糧となれば幸いです。

吉川弘文館

歴史文化ライブラリー

古代史

邪馬台国の滅亡 大和王権の征服戦争——若井敏明
日本語の誕生 古代の文字と表記——沖森卓也
日本国号の歴史——小林敏男
日本神話を語ろう イザナキ・イザナミの物語——中村修也
六国史以前 日本書紀への道のり——関根 淳
東アジアの日本書紀 歴史書の誕生——遠藤慶太
〈聖徳太子〉の誕生——大山誠一
倭国と渡来人 交錯する「内」と「外」——田中史生
大和の豪族と渡来人 葛城・蘇我氏と大伴・物部氏——加藤謙吉
物部氏 古代氏族の起源と盛衰——篠川 賢
白村江の真実 新羅王・金春秋の策略——中村修也
よみがえる古代山城 国際戦争と防衛ライン——向井一雄
よみがえる古代の港 古地形を復元する——石村 智
古代氏族の系図を読み解く——鈴木正信
古代豪族と武士の誕生——森 公章
飛鳥の宮と藤原京 よみがえる古代王宮——林部 均
出雲国誕生——大橋泰夫
古代出雲——前田晴人
古代の皇位継承 天武系皇統は実在したか——遠山美都男
古代天皇家の婚姻戦略——荒木敏夫
壬申の乱を読み解く——早川万年
戸籍が語る古代の家族——今津勝紀
万葉集と古代史——直木孝次郎
地方官人たちの古代史 律令国家を支えた人びと——中村順昭
古代の都はどうつくられたか 中国・日本・朝鮮・渤海——吉田 歓
平城京に暮らす 天平びとの泣き笑い——馬場 基
平城京の住宅事情 貴族はどこに住んだのか——近江俊秀
すべての道は平城京へ 古代国家の〈支配の道〉——市 大樹
都はなぜ移るのか 遷都の古代史——仁藤敦史
古代の都と神々 怪異を吸いとる神社——榎村寛之
聖武天皇が造った都 難波宮・恭仁宮・紫香楽宮——小笠原好彦
天皇側近たちの奈良時代——十川陽一
藤原仲麻呂と道鏡 ゆらぐ奈良朝の政治体制——鷺森浩幸
遣唐使の見た中国——古瀬奈津子
古代の女性官僚 女官の出世・結婚・引退——伊集院葉子
〈謀反〉の古代史 平安朝の政治改革——春名宏昭
平安朝 女性のライフサイクル——服藤早苗

歴史文化ライブラリー

歴史文化ライブラリー

鎌倉幕府の滅亡——細川重男
足利尊氏と直義 京の夢、鎌倉の夢——峰岸純夫
高　師直 室町新秩序の創造者——亀田俊和
新田一族の中世「武家の棟梁」への道——田中大喜
皇位継承の中世史 血統をめぐる政治と内乱——佐伯智広
地獄を二度も見た天皇 光厳院——飯倉晴武
南朝の真実 忠臣という幻想——亀田俊和
信濃国の南北朝内乱 悪党と八〇年のカオス——櫻井　彦
中世の巨大地震——矢田俊文
大飢饉、室町社会を襲う！——清水克行
中世の富と権力 寄進する人びと——湯浅治久
中世は核家族だったのか 民衆の暮らしと生き方——西谷正浩
出雲の中世 地域と国家のはざま——佐伯徳哉
中世武士の城——齋藤慎一
戦国の城の一生 つくる・壊す・蘇る——竹井英文
九州戦国城郭史 大名・国衆たちの築城記——岡寺　良
徳川家康と武田氏 信玄・勝頼との十四年戦争——本多隆成
戦国大名毛利家の英才教育 元就・隆元・輝元と妻たち——五條小枝子
戦国大名の兵粮事情——久保健一郎
戦乱の中の情報伝達 使者がつなぐ中世京都と在地——酒井紀美
戦国時代の足利将軍——山田康弘
〈武家の王〉足利氏 戦国大名と足利的秩序——谷口雄太
室町将軍の御台所 日野康子・重子・富子——田端泰子
名前と権力の中世史 室町将軍の朝廷戦略——水野智之
摂関家の中世 藤原道長から豊臣秀吉まで——樋口健太郎
戦国貴族の生き残り戦略——岡野友彦
鉄砲と戦国合戦——宇田川武久
検証 長篠合戦——平山　優
織田信長と戦国の村 天下統一のための近江支配——深谷幸治
検証 本能寺の変——谷口克広
明智光秀の生涯——諏訪勝則
加藤清正 朝鮮侵略の実像——北島万次
落日の豊臣政権 秀吉の憂鬱、不穏な京都——河内将芳
豊臣秀頼——福田千鶴
イエズス会がみた「日本国王」天皇・将軍・信長・秀吉——松本和也
海賊たちの中世——金谷匡人
アジアのなかの戦国大名 西国の群雄と経営戦略——鹿毛敏夫
琉球王国と戦国大名 島津侵入までの半世紀——黒嶋　敏

歴史文化ライブラリー

天下統一とシルバーラッシュ 銀と戦国の流通革命——本多博之

近世史

慶長遣欧使節 伊達政宗が夢見た国際外交——佐々木 徹

徳川忠長 兄家光の苦悩、将軍家の悲劇——小池 進

女と男の大奥 大奥法度を読み解く——福田千鶴

細川忠利 ポスト戦国世代の国づくり——稲葉継陽

家老の忠義 大名細川家存続の秘訣——林 千寿

隠れた名君 前田利常 加賀百万石の運営手腕——木越隆三

明暦の大火 「都市改造」という神話——岩本 馨

江戸の政権交代と武家屋敷——岩本 馨

江戸の町奉行——南 和男

大名行列を解剖する 江戸の人材派遣——根岸茂夫

江戸大名の本家と分家——野口朋隆

〈甲賀忍者〉の実像——藤田和敏

江戸の武家名鑑 武鑑と出版競争——藤實久美子

江戸の出版統制 弾圧に翻弄された戯作者たち——佐藤至子

武士という身分 城下町萩の大名家臣団——森下 徹

旗本・御家人の就職事情——山本英貴

武士の奉公 本音と建前 江戸時代の出世と処世術——高野信治

近江商人と出世払い 出世証文を読み解く——宇佐美英機

宮中のシェフ、鶴をさばく 江戸時代の朝廷と庖丁道——西村慎太郎

犬と鷹の江戸時代 〈犬公方〉綱吉と〈鷹将軍〉吉宗——根崎光男

紀州藩主 徳川吉宗 明君伝説・宝永地震・隠密御用——藤本清二郎

近世の巨大地震——矢田俊文

外来植物が変えた江戸時代 里湖・里海の資源と都市消費——佐野静代

死者のはたらきと江戸時代 遺訓・家訓・辞世——深谷克己

闘いを記憶する百姓たち 江戸時代の裁判学習帳——八鍬友広

江戸時代の瀬戸内海交通——倉地克直

江戸のパスポート 旅の不安はどう解消されたか——柴田 純

江戸の捨て子たち その肖像——沢山美果子

江戸の乳と子ども いのちをつなぐ——沢山美果子

江戸時代の医師修業 学問・学統・遊学——海原 亮

江戸幕府の日本地図 国絵図・城絵図・日本図——川村博忠

踏絵を踏んだキリシタン——安高啓明

墓石が語る江戸時代 大名・庶民の墓事情——関根達人

石に刻まれた江戸時代 無縁・遊女・北前船——関根達人

近世の仏教 華ひらく思想と文化——末木文美士

松陰の本棚 幕末志士たちの読書ネットワーク——桐原健真

歴史文化ライブラリー

龍馬暗殺 —— 桐野作人
日本の開国と多摩 生糸・農兵・武州一揆 —— 藤田 覚
幕末の世直し 万人の戦争状態 —— 須田 努
幕末の海軍 明治維新への航跡 —— 神谷大介
海辺を行き交うお触れ書き 浦触の語る徳川情報網 —— 水本邦彦
江戸の海外情報ネットワーク —— 岩下哲典

近・現代史

江戸無血開城 本当の功労者は誰か? —— 岩下哲典
五稜郭の戦い 蝦夷地の終焉 —— 菊池勇夫
水戸学と明治維新 —— 吉田俊純
大久保利通と明治維新 —— 佐々木 克
刀の明治維新 「帯刀」は武士の特権か? —— 尾脇秀和
維新政府の密偵たち 御庭番と警察のあいだ —— 大日方純夫
京都に残った公家たち 華族の近代 —— 刑部芳則
文明開化 失われた風俗 —— 百瀬 響
西南戦争 戦争の大義と動員される民衆 —— 猪飼隆明
大久保利通と東アジア 国家構想と外交戦略 —— 勝田政治
明治の政治家と信仰 クリスチャン民権家の肖像 —— 小川原正道
文明開化と差別 —— 今西 一
大元帥と皇族軍人 明治編 —— 小田部雄次
皇居の近現代史 開かれた皇室像の誕生 —— 河西秀哉
日本赤十字社と皇室 博愛か報国か —— 小菅信子
神都物語 伊勢神宮の近現代史 —— ジョン・ブリーン
リーダーたちの日清戦争 —— 佐々木雄一
陸軍参謀 川上操六 日清戦争の作戦指導者 —— 大澤博明
日清・日露戦争と写真報道 戦場を駆ける写真師たち —— 井上祐子
公園の誕生 —— 小野良平
鉄道忌避伝説の謎 汽車が来た町、来なかった町 —— 青木栄一
軍隊を誘致せよ 陸海軍と都市形成 —— 松下孝昭
軍港都市の一五〇年 横須賀・呉・佐世保・舞鶴 —— 上杉和央
〈軍港都市〉横須賀 軍隊と共生する街 —— 高村聰史
お米と食の近代史 —— 大豆生田 稔
日本酒の近現代史 酒造地の誕生 —— 鈴木芳行
失業と救済の近代史 —— 加瀬和俊
近代日本の就職難物語 「高等遊民」になるけれど —— 町田祐一
海外観光旅行の誕生 —— 有山輝雄
難民たちの日中戦争 戦火に奪われた日常 —— 芳井研一
昭和天皇とスポーツ 〈玉体〉の近代史 —— 坂上康博

歴史文化ライブラリー

大元帥と皇族軍人 大正・昭和編 — 小田部雄次
昭和陸軍と政治 「統帥権」というジレンマ — 高杉洋平
海軍将校たちの太平洋戦争 — 手嶋泰伸
松岡洋右と日米開戦 大衆政治家の功と罪 — 服部 聡
稲の大東亜共栄圏 帝国日本の〈緑の革命〉 — 藤原辰史
地図から消えた島々 幻の日本領と南洋探検家たち — 長谷川亮一
自由主義は戦争を止められるのか 芦田均・清沢洌・石橋湛山 — 上田美和
軍用機の誕生 日本軍の航空戦略と技術開発 — 水沢 光
首都防空網と〈空都〉多摩 — 鈴木芳行
帝都防衛 戦争・災害・テロ — 土田宏成
陸軍登戸研究所と謀略戦 科学者たちの戦争 — 渡辺賢二
帝国日本の技術者たち — 沢井 実
強制された健康 日本ファシズム下の生命と身体 — 藤野 豊
戦争とハンセン病 — 藤野 豊
「自由の国」の報道統制 大戦下の日系ジャーナリズム — 水野剛也
海外戦没者の戦後史 遺骨帰還と慰霊 — 浜井和史
学徒出陣 戦争と青春 — 蜷川壽惠
特攻隊の〈故郷〉 霞ヶ浦・筑波山・北浦・鹿島灘 — 伊藤純郎
沖縄戦 強制された「集団自決」 — 林 博史
陸軍中野学校と沖縄戦 知られざる少年兵「護郷隊」 — 川満 彰
沖縄戦の子どもたち — 川満 彰
沖縄からの本土爆撃 米軍出撃基地の誕生 — 林 博史
原爆ドーム 物産陳列館から広島平和記念碑へ — 頴原澄子
米軍基地の歴史 世界ネットワークの形成と展開 — 林 博史
沖縄米軍基地全史 — 野添文彬
考証 東京裁判 戦争と戦後を読み解く — 宇田川幸大
昭和天皇退位論のゆくえ — 冨永 望
ふたつの憲法と日本人 戦前・戦後の憲法観 — 川口暁弘
戦後文学のみた〈高度成長〉 — 伊藤正直
首都改造 東京の再開発と都市政治 — 源川真希
鯨を生きる 鯨人の個人史・鯨食の同時代史 — 赤嶺 淳

文化史・誌

落書きに歴史をよむ — 三上喜孝
山寺立石寺 霊場の歴史と信仰 — 山口博之
跋扈《ばっこ》する怨霊 祟りと鎮魂の日本史 — 山田雄司
神になった武士 平将門から西郷隆盛まで — 高野信治
将門伝説の歴史 — 樋口州男
空海の文字とことば — 岸田知子

歴史文化ライブラリー

殺生と往生のあいだ 中世仏教と民衆生活——苅米一志
浦島太郎の日本史——三舟隆之
〈ものまね〉の歴史 仏教・笑い・芸能——石井公成
戒名のはなし——藤井正雄
墓と葬送のゆくえ——森　謙二
運　慶 その人と芸術——副島弘道
ほとけを造った人びと 止利仏師から運慶・快慶まで——根立研介
祇園祭 祝祭の京都——川嶋將生
洛中洛外図屏風 つくられた〈京都〉を読み解く——小島道裕
化粧の日本史 美意識の移りかわり——山村博美
乱舞の中世 白拍子・乱拍子・猿楽——沖本幸子
神社の本殿 建築にみる神の空間——三浦正幸
古建築を復元する 過去と現在の架け橋——海野　聡
大工道具の文明史 日本・中国・ヨーロッパの建築技術——渡邉　晶
苗字と名前の歴史——坂田　聡
日本人の姓・苗字・名前 人名に刻まれた歴史——大藤　修
大相撲行司の世界——根間弘海
日本料理の歴史——熊倉功夫
日本の味　醤油の歴史——林　玲子・天野雅敏編

中世の喫茶文化 儀礼の茶から「茶の湯」へ——橋本素子
香道の文化史——本間洋子
天皇の音楽史 古代・中世の帝王学——豊永聡美
流行歌の誕生 「カチューシャの唄」とその時代——永嶺重敏
話し言葉の日本史——野村剛史
柳宗悦と民藝の現在——松井　健
たたら製鉄の歴史——角田徳幸
金属が語る日本史 銭貨・日本刀・鉄炮——齋藤　努
書物と権力 中世文化の政治学——前田雅之
気候適応の日本史 人新世をのりこえる視点——中塚　武
災害復興の日本史——安田政彦

民俗学・人類学

日本人の誕生 人類はるかなる旅——埴原和郎
倭人への道 人骨の謎を追って——中橋孝博
役行者と修験道の歴史——宮家　準
幽霊　近世都市が生み出した化物——髙岡弘幸
雑穀を旅する——増田昭子
川は誰のものか 人と環境の民俗学——菅　豊
記憶すること・記録すること 聞き書き論ノート——香月洋一郎

歴史文化ライブラリー

柳田国男 その生涯と思想――川田 稔

世界史

神々と人間のエジプト神話 魔法・冒険・復讐の物語――大城道則
中国古代の貨幣 お金をめぐる人びとと暮らし――柿沼陽平
渤海国とは何か――古畑 徹
古代の琉球弧と東アジア――山里純一
アジアのなかの琉球王国――高良倉吉
琉球国の滅亡とハワイ移民――鳥越皓之
イングランド王国前史 アングロサクソン七王国物語――桜井俊彰
フランスの中世社会 王と貴族たちの軌跡――渡辺節夫
ヒトラーのニュルンベルク 第三帝国の光と闇――芝 健介
人権の思想史――浜林正夫

考古学

タネをまく縄文人 最新科学が覆す農耕の起源――小畑弘己
イヌと縄文人 狩猟の相棒、神へのイケニエ――小宮 孟
老人と子供の考古学――山田康弘
顔の考古学 異形の精神史――設楽博己
〈新〉弥生時代 五〇〇年早かった水田稲作――藤尾慎一郎
文明に抗した弥生の人びと――寺前直人
樹木と暮らす古代人 木製品が語る弥生・古墳時代――樋上 昇
アクセサリーの考古学 倭と古代朝鮮の交渉史――高田貫太
古 墳――土生田純之
東国から読み解く古墳時代――若狭 徹
埋葬からみた古墳時代 女性・親族・王権――清家 章
神と死者の考古学 古代のまつりと信仰――笹生 衛
土木技術の古代史――青木 敬
国分寺の誕生 古代日本の国家プロジェクト――須田 勉
東大寺の考古学 よみがえる天平の大伽藍――鶴見泰寿
海底に眠る蒙古襲来 水中考古学の挑戦――池田榮史
銭の考古学――鈴木公雄
中世かわらけ物語 もっとも身近な日用品の考古学――中井淳史
ものがたる近世琉球 喫煙・園芸・豚飼育の考古学――石井龍太

各冊一七〇〇円〜二一〇〇円(いずれも税別)
▽残部僅少の書目も掲載してあります。品切の節はご容赦下さい。
▽品切書目の一部について、オンデマンド版の販売も開始しました。
詳しくは出版図書目録、または小社ホームページをご覧下さい。